社会风俗系列

礼俗史话

A Brief History of Rituals and
Customs in China

王贵民 / 著

社会科学文献出版社
SOCIAL SCIENCES ACADEMIC PRESS (CHINA)

图书在版编目（CIP）数据

礼俗史话/王贵民著.—北京：社会科学文献出版社，
2011.11（2013.6 重印）
（中国史话）
ISBN 978 - 7 - 5097 - 2674 - 7

Ⅰ.①礼…　Ⅱ.①王…　Ⅲ.①礼仪 - 风俗习惯史 -
中国　Ⅳ.①K892.26

中国版本图书馆 CIP 数据核字（2011）第 175858 号

"十二五"国家重点出版规划项目

中国史话·社会风俗系列

礼俗史话

著　　者 / 王贵民

出 版 人 / 谢寿光
出 版 者 / 社会科学文献出版社
地　　址 / 北京市西城区北三环中路甲 29 号院 3 号楼华龙大厦
邮政编码 / 100029

责任部门 / 人文分社　（010）59367215
电子信箱 / renwen@ ssap. cn
责任编辑 / 高世瑜
责任校对 / 高　芬
责任印制 / 岳　阳
经　　销 / 社会科学文献出版社市场营销中心
　　　　　（010）59367081　59367089
读者服务 / 读者服务中心（010）59367028

印　　装 / 北京画中画印刷有限公司
开　　本 / 889mm×1194mm　1/32　印张 / 6.875
版　　次 / 2011 年 11 月第 1 版　字数 / 135 千字
印　　次 / 2013 年 6 月第 2 次印刷
书　　号 / ISBN 978 - 7 - 5097 - 2674 - 7
定　　价 / 15.00 元

总　序

中国是一个有着悠久文化历史的古老国度，从传说中的三皇五帝到中华人民共和国的建立，生活在这片土地上的人们从来都没有停止过探寻、创造的脚步。长沙马王堆出土的轻若烟雾、薄如蝉翼的素纱衣向世人昭示着古人在丝绸纺织、制作方面所达到的高度；敦煌莫高窟近五百个洞窟中的两千多尊彩塑雕像和大量的彩绘壁画又向世人显示了古人在雕塑和绘画方面所取得的成绩；还有青铜器、唐三彩、园林建筑、宫殿建筑，以及书法、诗歌、茶道、中医等物质与非物质文化遗产，它们无不向世人展示了中华五千年文化的灿烂与辉煌，展示了中国这一古老国度的魅力与绚烂。这是一份宝贵的遗产，值得我们每一位炎黄子孙珍视。

历史不会永远眷顾任何一个民族或一个国家，当世界进入近代之时，曾经一千多年雄踞世界发展高峰的古老中国，从巅峰跌落。1840 年鸦片战争的炮声打破了清帝国"天朝上国"的迷梦，从此中国沦为被列强宰割的羔羊。一个个不平等条约的签订，不仅使中国大量的白银外流，更使中国的领土一步步被列强侵占，国库亏空，民不聊生。东方古国曾经拥有的辉煌，也随着西方列强坚船利炮的轰击而烟消云散，中国一步步堕入了半殖民地的深渊。不甘屈服的中国人民也由此开始了救国救民、富国图强的抗争之路。从洋务运动到维新变法，从太平天国到辛亥革命，从五四运动到中国共产党领导的新民主主义革命，中国人民屡败屡战，终于认识到了"只有社会主义才能救中国，只有社会主义才能发展中国"这一道理。中国共产党领导中国人民推倒三座大山，建立了新中国，从此饱受屈辱与蹂躏的中国人民站起来了。古老的中国焕发出新的生机与活力，摆脱了任人宰割与欺侮的历史，屹立于世界民族之林。每一位中华儿女应当了解中华民族数千年的文明史，也应当牢记鸦片战争以来一百多年民族屈辱的历史。

当我们步入全球化大潮的21世纪，信息技术革命迅猛发展，地区之间的交流壁垒被互联网之类的新兴交流工具所打破，世界的多元性展示在世人面前。世界上任何一个区域都不可避免地存在着两种以上文化的交汇与碰撞，但不可否认的是，近些年来，随着市场经济的大潮，西方文化扑面而来，有些人唯西方为时尚，把民族的传统丢在一边。大批年轻人甚至比西方人还热衷于圣诞节、情人节与洋快餐，对我国各民族的重大节日以及中国历史的基本知识却茫然无知，这是中华民族实现复兴大业中的重大忧患。

中国之所以为中国，中华民族之所以历数千年而不分离，根基就在于五千年来一脉相传的中华文明。如果丢弃了千百年来一脉相承的文化，任凭外来文化随意浸染，很难设想13亿中国人到哪里去寻找民族向心力和凝聚力。在推进社会主义现代化、实现民族复兴的伟大事业中，大力弘扬优秀的中华民族文化和民族精神，弘扬中华文化的爱国主义传统和民族自尊意识，在建设中国特色社会主义的进程中，构建具有中国特色的文化价值体系，光大中华民族的优秀传统文化是一件任重而道远的事业。

当前，我国进入了经济体制深刻变革、社会结构深刻变动、利益格局深刻调整、思想观念深刻变化的新的历史时期。面对新的历史任务和来自各方的新挑战，全党和全国人民都需要学习和把握社会主义核心价值体系，进一步形成全社会共同的理想信念和道德规范，打牢全党全国各族人民团结奋斗的思想道德基础，形成全民族奋发向上的精神力量，这是我们建设社会主义和谐社会的思想保证。中国社会科学院作为国家社会科学研究的机构，有责任为此作出贡献。我们在编写出版《中华文明史话》与《百年中国史话》的基础上，组织院内外各研究领域的专家，融合近年来的最新研究，编辑出版大型历史知识系列丛书——《中国史话》，其目的就在于为广大人民群众尤其是青少年提供一套较为完整、准确地介绍中国历史和传统文化的普及类系列丛书，从而使生活在信息时代的人们尤其是青少年能够了解自己祖先的历史，在东西南北文化的交流中由知己到知彼，善于取人之长补己之短，在中国与世界各国愈来愈深的文化交融中，保持自己的本色与特色，将中华民族自强不息、厚德载物的精神永远发扬下去。

《中国史话》系列丛书首批计 200 种，每种 10 万字左右，主要从政治、经济、文化、军事、哲学、艺术、科技、饮食、服饰、交通、建筑等各个方面介绍了从古至今数千年来中华文明发展和变迁的历史。这些历史不仅展现了中华五千年文化的辉煌，展现了先民的智慧与创造精神，而且展现了中国人民的不屈与抗争精神。我们衷心地希望这套普及历史知识的丛书对广大人民群众进一步了解中华民族的优秀文化传统，增强民族自尊心和自豪感发挥应有的作用，鼓舞广大人民群众特别是新一代的劳动者和建设者在建设中国特色社会主义的道路上不断阔步前进，为我们祖国美好的未来贡献更大的力量。

陈奎元

2011 年 4 月

⊙王贵民

作者小传

　　王贵民，研究员。男，1930年生，江西湖口人。1960年毕业于中山大学历史系。任职于中国社会科学院历史研究所。参加郭沫若主编大型科研资料《甲骨文合集》的编纂，曾任核心组成员。从事先秦史研究，主要专著有《商周制度考信》、《中国礼俗史》、《春秋》（合著，任通审）、《商西周文化志》（合著）和《春秋会要》（合著）。专题论文有《就甲骨文所见试说商代的王室田庄》、《从殷虚甲骨文论古代的学校教育》、《商朝的官制及其历史特点》、《试论贡赋税的早期历程》、《两周贵族子弟群体的研究》、《商周庙制新考》以及《试论商代社会和政权的结构》等80余篇。

目　录

引 言

什么是"礼俗"？简单地说，礼俗就是礼仪性的习俗，也可以说是含有习俗的礼仪。从历史的角度看，先有人们的生活行为，再经长期的反复而成习俗，逐渐加以规范，形成一定的形式，这就是"礼"；从现实的角度看，为社会所认同的"礼"，在施行过程中不断加进新的习俗成分，"礼"便包含着更多的习俗了。礼与俗彼此交替吸收，互相融合，不断地发展、提高，这就是礼俗。在这样的辩证运动过程中，礼俗在一定的阶段有它比较固定的形态，为人们所经常采用、施行。

"礼俗"一词，早在《周礼》一书中就被多处使用，常常同政治制度并列，概念和今天没有多大差异。汉代人解释为婚丧之类的"先王旧礼"，民间行之既久，已经成俗了。《礼记·曲礼》说："君子行礼，不求变俗。"就是强调行礼必须依俗，即礼与俗结合。

礼俗的内涵，从先秦时代以来，与整个的"礼"有所不同。它有一定的范围，虽是只限于社会普遍行用的礼仪风俗，但也相当广泛；而国家礼制如皇朝官府的上层典礼不涉及习俗者，就不包括在其中了。所以礼俗主要是《礼记·王制》篇所说的："六礼：冠、昏、丧、祭、乡、相见。"昏，就是婚礼；乡，就是乡饮酒礼。这"六礼"就是社会常用的礼。人们也常用"冠婚丧祭"来概括重要的人情礼俗。同时，在冠礼之前有孕育、幼教，婚礼之后有祝寿、养老等礼俗，这样便全部涵盖人们生平活动所行的礼了。

现代民俗学把这个系列概括为"人生礼仪"，即是社会每个成员的若干成长阶段，通过这些礼仪形式扮演着从家庭到社会的不同角色，也就是表现个人与家庭、社会的伦理人际关系。丧亡虽不是人生，但又是人生结束的一幕；祭礼主要是祭祀祖先，古人讲究传宗接代、"慎终追远"，即对祖先、亡亲尽心尽孝。丧、祭实际是表现亡亲生命、精神的延续，而每个人都会死亡，故丧、祭又是每个人未来所必经的，可以说，丧、祭也还是人生礼仪的投影和再现。因此，"六礼"贯彻人生的全过程并延续到身后。

首先，礼俗具有广泛的社会性并深含伦理性，纵向的是它贯彻人生的全过程，横向的是人与人之间交互参与。这种情形，从王侯贵族到平民百姓都超脱不了。它所表达的又是"人情客礼"，敦睦亲友之间的社会关系，这就是伦理，礼俗就是伦理文化。其次，礼俗具有民族性和地区性，各民族、各地区间交流、吸收和融会，形成整个中华民族的礼俗，而各民族、各地区又保留自己的原有礼俗，这就是统一性和特殊性的结合。再次，礼俗具有综合性，每项礼俗在历史长河中，新事象陆续涌现，被摄入，被认同，从而由简单到繁化，构成一种复杂的有时是庞大的系统。

礼俗和民俗、风俗，又有什么联系和区别呢？

民俗是一种纯粹自发的民间习俗。《礼记·王制》里有一段讲"居民材"，说到"五方之民"的自然环境不同，习俗各式各样，从性情、口味、食物、用器到行为、语言等，互相间差别很大，但各自都安于其俗，谁都不想改变和调换。这里说的习俗非常广泛。

风俗，古人则很讲究，孔子用风和草比喻风与俗的关系。后来礼学家概括为"上所化曰风，下所习曰俗"。东汉人班固、应劭进一步论述风俗的形成和内涵，大同而小异，总的来说是环境造成习俗；而其所表现出来的民性民情经过"在上者"加以引导"端正"而成为风，就是把风俗归之于教化，即所谓"化民成俗"之意。

因此，礼俗、民俗、风俗三者的共同点是都以"俗"为基础。三者的区别就是：民俗是民间无意识的自然的习俗；风俗是对习俗事象加以意义和价值的评判，即是寓教化于其中；礼俗就是对部分民俗加以组织，化为礼仪，构成一定的规范、形态。

由此，我们可以概括为：民俗是自发性的，风俗是意识性的，礼俗是仪式性的。从三者所涵盖的范围和所具有的层次来说：民俗—风俗—礼俗，是由宽到狭，从低到高。这是约略而言，实际上它们之间互相交叉，也难截然分割开来。

三者当中，礼俗在中国最为突出。

中国的礼俗，在世界各民族中是独具特色的。中华民族的伦理型文化举世瞩目。中国素称"诗书礼乐"之邦，其中心是一个"礼"字，诗书以记礼，音乐以配礼，礼俗一词也偏重于一个"礼"字。先秦时代人们把礼看做"天之经，地之义"，制定许多礼制、礼典、礼仪，所谓"礼仪三百，威仪三千"，一直流传整个封建社会。礼书汗牛充栋，礼的活动遍及社会，礼的意蕴深入人心，简直成了"礼的王国"。人们认识到礼的重要作用，一般地说，由于"礼缘人情"，礼最足以表达"人情"，调适人与人之间的关系。特殊地说，统治者摸索出一条经验："礼禁于未然之前，法施于已然之后。"礼能起到法所不能起的作用，因而主张礼治。

中国礼文化的繁盛有它自己的根基，那就是古代社会结构以宗族为单位，宗族是血缘组织，最重人伦，重视宗族内外的伦理人际关系。人们制定出一种宗法制度来巩固这种组织，并进而推及社会秩序的良好和国家政治的稳定。宗法制度和社会的其他一些礼仪制度概括起来就是礼，礼正是起这种纽带和润滑剂的作用。它既强调尊卑长幼、亲疏远近的等级、层圈的划分，又提倡血缘、宗亲乃至乡邻间的亲爱和睦，目的就是规范和协调伦理人际以至社会关系，这就是伦理。以"六礼"为骨干的礼俗正是表现这种伦理的各项仪式，也就是伦理文化。

那么，今天来谈礼俗史又有什么意义呢？首先，我们每一个人都面临着行用必要的礼俗的问题。虽然现代不像古代那样每礼必行，但有些礼还是不得不行。对传统礼俗要懂得它的意义，了解它的来龙去脉，对它有一个正确认识，辨别什么是良风美俗，什么是陈规陋俗。其次，礼俗上的很多是非需要辨明，有一些容易混淆的概念，比如旧礼教与礼俗、儒家学说与礼俗、宗教迷信与礼俗、少数民族特异礼俗与陋俗恶习等等的界限，不能混为一谈。只有了解历史上的情况，才能分清是非正误。另外，学点礼俗史，追根溯源，揭示良风美俗的社会作用和陈规陋俗的危害，增加感性认识，才能自觉地弘扬人民性精华，剔除封建性糟粕。小至个人能够正确地履行礼俗，大至社会、国家可以借鉴历史经验，进行现代社会礼俗的革新。

最后，谈礼俗史同时也解释、介绍古代各项礼俗事象，起着传播推广礼俗文化的作用。礼俗经过阐释，加以通俗化，便可以使大家都了解、掌握，进而人人都能正确行用礼俗，推进更新礼俗文化的进程。

一　礼俗的广泛形成
——先秦时期

　　先秦时期的历史包括进入阶级社会后到秦朝之前，也就是夏、商、周三代。夏朝以前的原始社会，已有礼俗的萌芽，不过粗率又缺乏记载，只有考古文物可以说明一些；它的形式与价值观念，也和文明时期有质的差别。夏、商建立了奴隶制王朝，也有了若干礼制的雏形，但礼俗事象仍不可能很发达。只有到了商朝后期，甲骨文才记录了一些礼俗项目，提供了一些可供溯源的资料。真正的礼俗广泛形成，那是在周代。西周把奴隶制文明引向一个更高的阶段，周公"制礼作乐"，造成"郁郁乎文哉"的盛况，礼俗当然包括在其中。当时，朝廷官府中，各项典章制度都比较完备，在观念上也从纯粹的迷信天命转向敬德保民，完善宗法制度，注重社会伦理关系，礼俗的发展也就成了必然的趋势。

　　到东周，虽然政治的统一局面已不能维持，战争、变乱频繁，但是作为社会各阶层行用的礼俗，仍继承西周而继续发展，而且记载也多起来。尤其是春秋时期，一方面与西周传统靠得近，一方面诸侯贵族要用礼制维系政权、吸引人心，更强调礼制、礼仪的实用，政治家、文化界论述礼学的也多起来。

可以说，西周建立了我们民族伦理型文化的基础，春秋时期出现了更发达的礼俗事象，提供了许多礼俗资料。

战国时期，尤其是其中后期，战乱频发，是王纲解组、礼崩乐坏时期。社会结构、宗法制度都有不小的变动和毁坏，人们的观念转变得很快，不再像春秋以前那么讲"礼"了。当然不能说社会特别是民间就完全抛弃了传统的礼俗，只是不那么注重罢了，因而记载也渐渐减少。我们把这一时期作为先秦时代的终结。

需要交代的是，迄今我们据以研究"六礼"的《仪礼》等书，编成时间却在战国或春秋、战国之间。只因其原始资料也有少数西周的，所以整个说来还是能反映有周一代的礼俗的。

 燕卵·足印·祀高禖

这里首先说古代求子礼俗。怀孕生儿在远古有感生的传说。在母系氏族社会，"知母不知父"，以为妇女怀孕是受到某种神秘的感应，或感受天象，或与神灵交合，或吞某物所致。《诗经》里说"天命玄鸟，降而生商"，是说商族始祖契因为其母简狄吞下燕卵，便怀孕生了他。玄鸟，就是燕子。这种鸟蛋孕生的神话传说普遍流传在我国东部北部地区，从而有了鸟图腾的崇拜。

周族也有类似的传说，就是姜嫄踩了上帝的大足印而怀孕生下了弃，弃就成为周族的始祖，《诗经》里也备载其事。当时以这样生子为奇异，姜嫄不敢收养，故叫作"弃"儿。经过牛羊和鸟儿的保护，弃还是活下来而被抚育成人，长大后会种庄稼，称为"后稷"，被尊为古代从事农业的能手，成为农业的祖师爷。

祈生求子的礼俗这时已经形成了，商代后期的甲骨文就记录了向女祖先"祈生"的祭祀。到周代，出现了祭祀"高禖"的礼仪。"禖"与"媒"义相通，男女的结合以至生育都必须有媒介。礼籍中记述当时天子、后妃每当仲春二月玄鸟到来之时，用太牢（牛、羊、豕三牲）祭祀高禖神，还要献上弓矢，这是用以表示生男之兆。

 蓬弧·设帨别男女

怀孕之后，接着是保胎和产育的礼俗。

保胎又指胎教，即孕妇生活起居要有规律，接受外界的影响要纯正。当时在春二月雷声始发之时，有人敲着木铎（音 duó，一种铃）号召人们禁戒夫妻生活，避免孕育的胎儿形体发生缺陷和遭受灾害。怀孕到 7 个月，孕妇要移居安静的房室，贵族有内官分别拿着定乐声的律管、斟酒的斗，分立门户左右，测验孕妇听的音乐是否合乎礼制，饮食是否合乎正味。据说周后怀成王时，就是各方面都端庄纯正，出生之后又有贤德的人辅导，因而能继承文武基业。这些虽属传说，但胎教的重要性后世一直都很注意，它是以一定的生活经验为基础的。

春秋时期，有些国家出现过因所生子女形体或容貌奇异，长大后心性不正而结局不好的事例。这多半是当时一种直观的认识方法，或一种因果感应的看法，但其中也有一定的科学成分。还有一种禁忌，认为忌月、忌日生的儿女不祥，不愿意接生、抚育。如春秋时楚国的贵族越椒、战国时四公子之一的齐国孟尝君，出生时都曾有过这样的遭遇。

生育的礼俗，礼书中记述颇多。孕妇在临产的当月，要移居侧室，丈夫或派人或亲自去问候。分娩了，生男就在门左挂一张弓，生女便在门右悬一条佩巾——帨（音 shuì），分别为男、女成人后常用之物，以作性别的标志。若是国君的太子出生，要行"举子"即接生之礼，由射官用 1 把桑木弓和 6 根蓬蒿制作的箭射向天、地和四方，象征男儿的远大志向，这弓矢就称"桑弧蓬矢"。后世就用"蓬弧"和"设帨"，分别作为贺人生子或生女的赞语。

当时很重视生育，宗法制度使人们重视生男，希望多子多孙。金文里"子子孙孙永宝用"的话比比皆是；《诗经》里用蝗虫类的众多来形容子孙的兴旺，用"絲絲瓜瓞（音 dié，小瓜）"来比喻后代的繁衍。那时已经产生了重男轻女的观念，早在商代的甲骨文里就占验生男为"嘉"，生女为"不嘉"。武王伐纣的誓师词里，指责纣王偏听妇言，叫做"牝鸡之晨，惟家之索"。就是说母鸡司晨，家就只有倒败（索）了。因而男、女出生后，所受待遇和期望都大不相同，《诗经》有一篇《斯干》，就说得十分明白露骨。

还有命名之礼，在婴儿出生第三个月的末尾举行，日子要事前占卜选定。到时，先给婴儿剃发，男孩留左右两个丫髻叫"角"，女孩留辫子叫"羁（音ㄐㄧ）"；父母沐浴，穿上礼服，站在东阶上，父亲握着孩子的右手，喊着起好了的名；然后把这名字遍告家族，并写上生辰收藏起来，同时上报基层行政机构备案。

古代对命名也很重视，用哪几类字眼合适，哪些字眼犯禁忌，都有讲究。

幼教清规戒律多

周代已经很重视幼儿、少年的家庭教育，这就是"幼教"。

贵族的家庭设有保育人员，如保姆、师、傅之类，男孩的称"子师"，女孩的称"女师"。儿童自己能吃饭时，教会其使用右手；能说话时，教给答话的方式，并将他们装束修饰起来。从6岁起，教他们学会计数、方向的名称等；并开始男女有别，不同席共食；行动上要尊敬长者，懂得礼让。一直到正式入学之前，都要经常学习这些幼仪。

稍长，只要是未成年的男女，对他们的日常起居都有严格的要求：鸡鸣就起床、梳洗和装束；天刚亮时去见父母，请问要什么饮食，若是未曾吃喝，便帮助检点他们的餐具。其中对女儿的要求更加苛细：10岁以前守在家中，不能随便外出，由保姆教给顺从之道和各种女红；学会祭祀礼仪，备办祭祀的酒醴肴馔，以便将来出嫁、做了主妇佐助丈夫祭祀，这是当时宗法制度要求的。在家事奉父母，以便将来出嫁事奉舅姑，每日低声下气问安，和颜悦色地伺候，准备与烹调全天的膳食，等等。这些主要记载在《礼记·内则》、《少仪》篇中，因此《内则》便成了后来历代家教的经典。

这一套束缚少年儿女的礼教，是周代长时期积累起来的，受到它的影响、熏陶者自然不少，尤其在上层社会。春秋中期，有一次宋国发生火灾，寡居的前国君夫人伯姬眼看大火烧到自己的居室，还不敢出门，左右人等催促她逃出，她却说："妇人之义，傅母不在，宵（夜）不下堂。"结果被火烧死。这种礼教深远地流传到后世，封建社会就有各种家训、格言和女箴、女诫之类的撰著不断问世。

这个时期也有比较得当的教育子女的实例。周初，周公旦著《无逸》，教导年幼的成王切勿贪图逸乐，而要勤劳政事；春秋时代，卫国石碏规劝君主对儿子要"教以义方"，即走正道，不让他骄奢淫逸；孔子教儿子孔鲤要学《诗》、学礼，才能正确地立身行事；战国时代，孟子提出"易子而教"，即互相交换教育儿子的方法；相传孟母三次迁徙住处，是为了找到好的邻舍，给儿子以好的影响；荀子提出明智的教子之法，慈爱不要放在表面上，而要处处用正道开导，也不能强制压服；韩非提出对子女的慈爱不能过分，用有病请医来比喻孩子有坏习气必须求师。这些都是健康、务实而有效果的幼教。

"三加弥尊" 庆成人

冠礼，包括女子的笄（音 jī）礼，是人生进入重要阶段的一项礼仪。这一礼俗由来甚古，早在原始时代就产生了。有的民族有"割礼"，即割男性生殖器的包皮、女性的处女膜或阴蒂，这是一种方式。其他方式多种多样，一些民族有拔门牙、刺肢体、文面文身习俗。有的还伴随有一些装神扮鬼、恐吓威胁性的恶作剧，以磨炼进入成年的男女。

这些礼俗虽然繁杂奇异，但目的和意义只有一个，就是转变一个人的少年生活和思想状态以及他们与社会的关系，使之成为一个社会正式成员，履行社会职责，赋予其成人的权利和地位。

由此，这种"成人礼"便有文野之分。我国边疆的一些少数民族，除文面、文身之外，多用男子改换头巾服饰、女子改换首饰和裙衫款式作标志。这就和周代的冠礼、笄礼很接近了。

周代的冠礼，《仪礼·士冠礼》篇中有详细的记述。仪节将近 30 个，大略可分为以下几个阶段：

（1）行礼前的准备。第一，用筮（音 shì）法占卜行礼的日期。第二，请宾客。先通知宾客将行此礼，同时也用筮法选一人为青年加冠的执行者，叫做"筮宾"；还对宾客进行第二次约请，称为"宿宾"，"宿"通"肃"，有敬请的意思，这次还要请一位协助加冠的人为赞冠者。第三，陈设。即在行礼那天的清晨，布置席位和陈设好冠、服和梳具等。

（2）加冠。第一，就位。行礼的地点在宗庙，将要加冠的青年立于房中，其父、兄要站在一定的位置。第二，迎宾。其父以三次作揖、请进的"三揖三让"之礼，把宾及赞冠者请到堂上。接着，青年出房就位。第三，加冠。宾把规定的冠（并有相应的服饰）给青年戴上，共行三次：初加缁（音 zī）布冠，再加皮弁（音 biàn），三加爵弁。完成后，宾用酒祝贺青年，并致祝词。

（3）拜母。冠者（即青年）到堂的东壁处见母，行再拜礼；母亦还拜，意思是如同对待成人一样。

（4）命字。由宾给冠者起"字"（即名字的字），也致祝词。"字"的格式是"伯某甫"。伯是指排行老大，其弟则用仲、叔、季等；"甫"同"父"，指成人了；某，指所用的字。

（5）冠者见诸亲、官长。诸亲指他的兄弟、姑、妹等，官长指君长、乡大夫、乡先生，均用拜礼，见官长时须换上礼服。

最后，主人（冠者之父）给宾、赞者献酒并赠送皮帛，送出大门外。冠礼全部完成。

这是当时士阶层的冠礼。大夫以上仪节隆重一些，不过具体内容没有大的差异。

《礼记·冠义》解释了冠礼的意义，说明冠礼是成人之礼，要端正一个人的形体容貌，首先是衣冠，而冠是衣冠之首。一加缁布冠，是一般成人戴的帽子；再加皮弁，是参与武事的帽子；三加爵弁，是一种礼帽。这样一次一次地提高等级，所以是"三加弥尊，谕其志也"，表明他作为成人的志向。

男子冠礼一般在 20 岁举行；女子笄礼一般在 15 岁举行，可以推迟，但必须在许嫁时完成。冠、笄都是把少年时留的发式打作髻，加笄（簪）固定，只是男子要在髻上再加冠。

相传周成王年 15 加冠；春秋时鲁襄公在 12 岁上加冠，说是应岁星 12 年一周天之大数。仪式中，他们都用金石之乐为节。另外如，晋国赵武行冠礼时，拜见诸卿大夫，大家都给他讲一些继承先人美德，造就自己的品德等美言。这是一种良好的风气，但士冠礼并不见采用。战国时，见于记载的秦国数位国君，都是在 22 岁举行冠礼。秦始皇行冠礼，加冠后还带剑，这是新起之俗。

 亲迎于渭　烂其盈门

婚礼，从西周开始便进入文明的境界。《诗经·大明》篇歌颂文王的婚姻为"天作之合"，意思是天老爷作成的婚配；又说婚礼是"文定厥祥，亲迎于渭"，意思是有了礼仪（文）定下它（厥）的吉祥，并在渭水上亲自迎接新妇，就是婚礼的"亲迎"一节。

西周后期宣王分封韩侯。《诗经·韩奕》篇描写其娶妻的盛况是"百两彭彭，八鸾锵锵（音 qiāng）"，就是用上百辆的车子迎亲，每辆车上的铃（鸾铃）声响亮（锵锵）；还说到"诸娣从之，祁祁如云"，即实行媵（音 yìng）制，用女弟陪嫁，人数还不少，故而又说"韩侯顾之，烂其盈门"，回头（顾之）看看，满门灿烂生辉。

这样，就逐渐形成了婚姻"六礼"的固定仪式。见之于《仪礼·士婚礼》便是：

（1）纳采。男家遣使到女家，拿着雁作见面礼。使者（即媒人）说明来意，宾主行奠雁（把雁置于堂上）、受雁之礼。纳采是男方给"采择"之礼，请女家受纳，采择即是选择女子的意思。

（2）问名。紧接着，行纳采礼的同一使者执雁，向女家主人请问女子之名，女家设酒款待使者。男家问得女名（后世并向及年庚），即进行占卜，看婚姻是否适合。

（3）纳吉。男家占卜女名得到吉兆后，告知女家，作为合婚的依据。礼节同前，也用雁为礼物。这时双方已经度过了议婚阶段，相当于后世称作的"小定"。

（4）纳征。男家向女家送上较为丰盛的礼物：玄纁（音 xūn）即黑色的上衣和浅红色的下裳一套，束帛即十匹帛卷合为五双，俪（音 lì）皮即两张鹿皮，都取成双成对的喜兆，但不用雁（六礼中唯一的一次）。"征"，义为"成"，指成事，相当于后世所称"大定"，即婚事完全定下来。

（5）请期。男家把占卜选择的成婚日期告知女家。但为表示谦敬，使者先请女家提出婚期，经女家推辞之后，再提出婚期，故称"请期"。此次亦用雁，仪节如前。

(6) 亲迎。男子亲到女家迎亲，即成婚之礼，是"六礼"中最后也是最隆重、繁缛的一幕。简要介绍即是：新婿乘黑色的车，前面有人执烛引导，随带新妇坐车一乘，来到女家。女父迎入，行奠雁、受雁之礼。然后女父、母先后命女（有命辞）启程，在门外登车。新婿先要为她驾车，转动三圈车轮，叫做"御轮三周"，再让驾车人赶车上路。新婿乘自己的车先回到自家门外等候。

新娘到达，新婿迎接入门，即行沃盥（音 guàn）礼，即为新妇洗尘；然后设宴共食，叫做"对席"、"同牢"；把一匏（葫芦类）剖为二杯，各饮杯酒，叫做"合卺（音 jǐn)"，后世称为"交杯酒"。宴毕，双双脱去礼服，新婿入室，亲手解下新妇的缨饰，撤出室内的烛，亲迎之礼告成。

次日早晨，新妇行见舅姑（公婆）之礼，向舅献上枣栗，向姑献上干肉。接着行"盥馈"之礼，即向舅姑进食，表示新妇从此能主持烹饪之事。其间，舅姑也要给新妇答赠酒食，表示"成妇"，即以家庭成员看待新妇了。

三个月之后，还要行"庙见"之礼，即新妇要进男家宗庙祭告。起初是舅姑已殁（死），作为见舅姑礼的补充，后世则无论舅姑是否亡故，都得举行，祭告所有祖先。

此后，还有"归宁"，新妇于婚后回母家探问父母的安宁。如果父母已去世，就不行此礼。同时，父母亦遣使持礼品至婿家慰问女儿，古谓之"致女"，后世称为"暖女"。

综观婚姻六礼的仪节，主要是贯彻宗法精神，突出父权、男权。所谓婚姻首先是"上以奉宗庙"，所以要"告庙"，就是"听命于庙"。每次议婚定婚，都按父亲之命进行，亲迎时男女双方都有父母的命辞，表明当事人不能自主。亲迎也表示"男先于女"，5次都用雁（有说是鹅）为赘（音 zhì）礼，雁是候鸟，按时节来去，既暗示婚姻及时之义，亦取其顺阴阳、女随男之意。见舅姑礼是"成妇"和"明妇顺"，表明媳妇从此要尽妇道，顺从公婆，与家人和睦。

由于强调宗法精神，婚礼带有庄严肃穆的气氛。当时礼家认为，嫁女之家三夜不熄烛，表示离别的思念；娶妇之家三天不举乐，一心只想传宗接代。因此，行礼的人都穿戴暗色的冠服，车也要用黑色的。加上斋戒、告庙祭祀，又不兴用音乐，弄得死气沉沉。

成婚及其以后，新婚夫妇只知尽礼尽敬、操劳家事、孝顺长者、生儿育女，全是理性的活动，好像人间没有情爱与欢乐存在。这和后世鼓乐喧天、悬灯结彩的喜庆场面，完全是两个世界。这要算先秦时代婚礼的一个显著特色。

这一套婚姻六礼，乃是长时间积累而成的。春秋时期，《左传》记载王侯贵族间的聘妇、大婚，《诗经》描写社会上的婚嫁，如聘礼、妆奁、送嫁、车马迎至、入门、升堂等等，都可以与此对照。到战国时期，也有母命女的诫辞、新妇乘婚车之类的记载。

婚姻"六礼"中来回致礼传命的人称"使者"，其实当时也已经称做媒人。《周礼·地官》有"媒氏"一官，在"仲春之月，令会男女"。《诗经》的"国风"部分也多处说到定婚须凭"媒"说合。

请期所定成婚的日期，当时大致以仲春和秋冬这两个时节为佳，这在《夏小正》、《周礼》和《诗经》中都有记载。亲迎出发的时间一般是在清晨。而在昏时行婚礼，所谓"昏以为期"，就是"婚"字的来由。之所以用昏时，一说是原始"劫掠婚"的遗迹，一说是婚姻为阴礼之故。

此外，问名礼涉及年庚一事，就是婚龄问题。礼书都说男子三十而娶、女子二十而嫁，适时而婚，是谓婚姻及时。但也有变例，如说国君 12 岁加冠，15 岁可以生子。春秋晚期，越国规定男 20 岁、女 17 岁必须婚嫁。也有说男 16、女 14 岁生理成熟，可以婚嫁。男女生理成熟无疑是婚龄的根据，但实行起来参差不一，原因在于不同阶级家庭资财与生活丰乏的不等和各时期社会风气与国家政策的变化。

和"六礼"这种庄重严肃的议婚、定婚礼俗相对，周代民间又有一种自由择偶的风俗，那完全是另一种情调。就《诗经·国风》记载，从"被文王之化"的《周南》、《召南》直到邶、鄘、卫、郑、齐、陈等地区的民歌，都描写了青年男女相互爱慕、思念，在一些节令游乐，在歌舞场合约会、谈爱、定情乃至野合的情景。这固然是这个时代宗法制度趋于动摇、瓦解的反映，却也说明当时去古未远、社会还存在着原始时代任情狂放的遗风，为周礼所不能完全制约。这种风俗本来一直存在着，只是西周及其以前缺乏记载罢了。不过，这种自由觅偶也仅仅相当于议婚、定情，而定婚、成婚依然要经过"良媒"，"必告父母"。这一点，和今日我国西南少数民族的"歌墟"、"跳月"，终须禀告父母和行媒聘娶方能成婚是大同小异的。所以，这是一种半截子的自由婚姻，并且受到社会礼教的重重压抑。青年男女在行动中，还要畏惧父母、诸兄，"畏人之多言"；而女子更多一重顾虑，害怕男子"二三其德"，警诫自己"无与士耽"（耽，指欢乐过度），或叮嘱男方"无信人之言，人实诳（欺骗）汝"。她们时刻担心被遗弃，尽量限制爱恋的欢乐，不至于轻率结合。因此应正确理解诗章这类描写，决不能称为"淫诗"，而这类行为与婚后的贞操也绝不矛盾。这同样可在现代西南少数民族类似的风俗中得到解释。

战国时代承接着这种风气，男女关系也比较自由，在赵地、楚地、齐地都流行"男女杂坐"，夜以继日地"男女切倚"；或有"州闾之会"，男女同席酒宴，一同参加各种娱乐，"握手无罚，目眙不禁"，都可推知其中当有自由择偶的情节。

这时，在上层社会也出现过女子自主择婿的事。如春秋时期，郑国大夫徐吾犯之妹，先后有两个贵族都要下聘礼，后来徐吾犯就让两位公孙氏用比武的方式，当面相亲，由其妹选中一人。不过，这类事终究罕见。

还有，被后世称为"淫奔"的婚俗，在当时实是奔而不淫。从婚礼的角度看，所谓"奔"，只是"不备礼"，即不能施行"六礼"而已。《周礼·大司徒》的"十二荒政"中就允许民间凶年饥岁"不备礼而聘"，因而"媒氏"主持会合男女婚姻时，也就有一条："奔者不禁。"早在西周中期，一次周恭王与密康公在泾水之上游玩，偶逢三个女子"奔"于康公，康公的母亲劝儿子把她们转奉恭王，可是康公没应允。一年后，贪欲的恭王就把密国灭掉了。到春秋，《左传》记载了鲁国和楚国一些贵族也实行"奔"婚的事例。这种"奔"比自由择偶进了一步，已是直接结合；也不同于淫乱，而是有一定的合法性，正式结婚，生儿育女，只是不行婚礼而已。不过这种婚姻对女子来说，终究没有保障，所以叫做"奔者为妾"。

6 男扮媵娣进都城 祖孙 联姻非笑语

这里说的是周代的婚姻制度。

春秋时期晋国发生了这么一件事：栾、范二族闹起争权的斗争，栾盈逃往国外，被禁止归国。恰遇晋国嫁女给吴国，用有遮盖的车送陪嫁女，栾盈便和几个党徒钻进车里装成陪嫁女，趁机进入都城曲沃，顿时引起一场内乱。以女陪嫁叫媵（音 yìng），这件事说明周代存在媵制。当时规定：诸侯国君娶妇，嫁女国和另外两个同姓国，都要送陪嫁女。所嫁女当然是正夫人，她要带一个女弟叫"媵娣"、一个侄女叫"媵侄"，分别称做"左媵"和"右媵"；其他二国各有一女为"正媵"，也各带"左媵"和"右媵"。全部加起来就是9人，所谓"诸侯一娶九女"。卿大夫也有媵妇，只是没有9人之多。媵制是原始社会"妻娣妹婚"的遗迹，比如舜娶尧的二女娥皇、女英；而在周代就成了变相的多妻制，也是贵族的一种特权，又是解决继嗣问题的办法。因正妻不一定都能生子，媵妇就能代替完成这个任务，春秋时期便有君、卿大夫以媵妇之子为继嗣的。

媵在当时与妾有别，称做"继室"或"某娣"之类，也算是明媒正娶的，只是比正妻低一等。大致到汉代，开始"媵妾"连称，媵与妾就慢慢混二为一。这种婚制一直保持到封建社会后期，但媵不再是陪嫁女，置妾也称媵妾。

商代这种原始婚姻遗制可能更多，可惜没有记载下来。西周后期，韩侯娶妻便有"祁祁如云"的"诸娣"。春秋时，齐桓公有3个夫人和6个"如夫人"。在《周礼》里，就仿照公卿、大夫、士的等级，把后、夫人、嫔、世妇、女御以3的倍数增加，后宫竟有120人之多！后世封建帝王有的就依法炮制。

社会上的士庶阶层，一夫一妻实际上也是一妻一妾，这在春秋战国屡见不鲜。

周代提倡父父子子、夫夫妇妇的伦常秩序，上下辈之间区分尊卑等级，不得颠倒。但是婚制却有一种

"烝（音 zhēng）"、"报"婚，就是上下辈的婚姻关系。"烝"为直系的上下辈通婚，"报"为旁系的上下辈通婚。前者指父死子可娶庶母；后者指叔伯死，侄可娶寡婶，也包括兄死，弟可娶寡嫂。这也是对原始社会"收继婚"或叫"转房婚"的沿袭，只是在讲究纲常伦理的社会里，终究是统治阶层借遗制以逞私欲，"烝"婚在民间则少见流行。

春秋时期有一个最典型也是极端的例子，是祖母与孙儿联婚。宋国宋襄公的遗孀襄夫人活到孙子昭公时代，年纪在 60 岁上下，她不喜欢孙子昭公，造起"无道"的舆论，却私下里爱上了"美而艳"的庶孙公子鲍。先是想私通，被拒绝；继而趁鲍向国人施舍、争取人心的机会，帮助鲍发放赈粟，国人就奉承着鲍去亲近襄夫人。结果她杀了昭公，把君位交给了自己的所爱者。

在晋国，晋献公烝于其父武公之妾齐姜；后来，他的儿子惠公又烝于他那位不生儿子的夫人贾君。在卫国，宣公、宣公之子昭伯，都先后实行过这类烝婚。其他如楚、郑、齐等国家，也都有这类婚事，在《左传》中有记载。

烝、报，本是古代的祭名，因此类婚事需要祭祀祖先，以求得心灵上的安慰，故起了这一名称。之所以又称"收继"、"转房"，是因为当时把娶来的女性看做家族中的财产，不使其外流。这种婚姻与淫乱不同，它照样履行婚礼，生儿育女，仍是合法的，社会也不以为嫌，所以能得到国人的支持。

同姓不婚，是周代坚持的制度，从此成为华夏族遵循的一大原则。当时已经懂得"男女同姓，其生不蕃"，即血缘近而通婚的害处，把同姓"虽百世而昏姻不通"说成是"周道"的本源。这样，女子的"字"必须以姓相称；周王室、各诸侯国都要找异姓国为通婚对象，如周与齐、杞，鲁与齐，晋与秦都互相嫁娶，后世称婚姻关系为"秦晋之好"，就是从这里来的。一般民间自然容易寻求异姓的配偶。

但是，统治阶级有时却并不遵守这一制度，通婚不避同姓乃至同宗，在春秋时期已时有所见。晋国与姬姓的戎狄族通婚，晋平公内宫有"四姬"，晋嫁女于吴，据考，蔡国也同吴国通婚，他们都是姬姓。鲁昭公娶同姓的吴国女，对她不敢称姓而诡称"吴孟子"。卿大夫之间也是如此，所谓"内娶"，宋国、齐国都存在。齐国是姜姓，大夫崔杼纳棠姜为妻。庆舍为了政治目的，竟嫁女给同宗族的蒲卢癸，还自我解嘲说：这是宗族不避开我，我哪能避开宗族呢？这是极为典型的事例。

当然，古代历史上姓与氏的分合，情形也很复杂。就吴国来说，在西周以前便已避处荆蛮，到春秋中后期已经过了五六百年，和周室及中原姬姓国已没有血缘关系，中原人称之为"夷"人。晋国旁边的姬姓戎狄也是这样。相反，异姓互婚的国家，只要经过两三代就会构成中表婚，虽不同姓而血缘关系却很密切。不过，大夫"内娶"却不在此例。

中表婚是源于远古的氏族外婚制形成的互婚关

系。前面已提到，如晋女嫁秦，在秦生下的女儿又回嫁于晋，就等于血缘回流。上一辈的舅甥关系，到下一辈双方就变成甥舅关系，所以周代王室称异姓诸侯国为"甥舅之国"，新妇称公婆为舅姑，女婿亦称岳父母为舅姑。这种姑舅表或姨表互通婚姻，其血缘比迁宗以后的同姓之间要密切得多。只是因有同姓不婚的最大原则在，所以中表婚一直流行数千年而不衰。

招赘婚，即原始社会流传下来的妻方居，后世称招郎，此时称赘婿。战国时代，淳于髡就是齐国的赘婿。

再说说先秦时期有关贞节观念，包括出妻、再嫁、不嫁和离婚等婚俗问题。这方面也是正统的与自由的都有，不拘一格。其中心问题是，它关涉到婚前女子的贞操和婚后妇人的遭遇。

春秋前期，郑国大夫祭仲专权，郑厉公很不满，想除掉他，就和祭仲的女婿雍纠密谋：到郊外举行飨宴，邀请祭仲，趁机杀了他。祭仲的女儿雍姞得知此情，就问她母亲：父亲和丈夫相比，哪个更亲？她母亲回她道："人尽夫也，父一而已，胡（何）可比也！"于是雍姞告密，雍纠被杀，厉公逃走。"人尽夫也"是指婚前女子择偶的对象很多，也包括婚后仍可自由离异再嫁。这无疑反映了一种社会观念。

另一方面，从一而终、崇尚贞操的观念已经巩固。《诗经·鄘风》有篇《柏舟》诗，写一个女子誓死忠于自己的配偶，埋怨母亲不理解她。后来称为"柏舟之操"。相传卫国的太子共伯早死，其妻共姜誓志守节，她父母强要她改嫁，她就用这首诗表示决心。柏舟，柏木作舟，比喻坚固不变心。这种贞操思想也在不断发展。到春秋晚期，有一个故事：吴国攻破楚国郢（音 yǐng）都，楚昭王携女逃难，女儿季芈（音 mǐ）在路上走不动，有个叫钟建的大夫就背起她来赶路。后来复国，季芈将要许人，便说：女子应该远离男子的，而钟建却用身子背了我呀！意思是身体有过接触，就只能许配给他。《诗经》里也有"与子偕老"、"及尔同死"和"死则同穴"等等誓言，都反映了女子与人婚配则终身不改的贞节观念。

离婚与改嫁，在先秦时期还是常见的，多半是男子"出妻"。春秋鲁国的一些国君夫人和鲁国嫁往别国为夫人的女子，都有过被"出"的遭遇，有的被称做"出姜"，或称"大归"，即回到母家去。后来，孔门就有"三代出妻"之事，明白记载在礼籍中，并不隐讳，由此而讨论对"出母"死后服丧的问题。人们逐渐归结出离婚的"七出"和"三不去"条目来。所谓"七出"，针对的是妇女不顺父母、无子、淫乱、妒忌、有恶疾、多言和盗窃；"三不去"，针对的是离婚后的妇女无家可归、共服过三年丧、先贫后富等。虽然"三不去"是对男方的要求，但限制很小，男方往往也并不按此办事。像孔门的曾子，为了"蒸梨不熟"就出妻，还赢得孝的名声。至于所谓"淫乱"一条，男子就不受约束，他们在多媵、再娶、纳奔女之外，还以淫乱为补充。而妇女因此提出离异"出夫"之事，却极罕见。这充分体现夫权、男权已经稳固确立了。

不过，这时还不像后世那样限制妇女再嫁，社会上也不以妇女再嫁为丑事，有被迫改嫁的，也有自动改嫁的。以多次改嫁而著称的，要算郑国那位夏姬，除去一度淫乱之外，她正式嫁过几个丈夫，辗转陈国、楚国和晋国，最后和楚国申公巫臣结合，在晋国住下来。虽遭舆论鄙薄，但似乎并没有触犯礼制。由此可见当时社会风气的另一面。

到战国时代，这种风气还在发展。国君嫁女，太后命女之辞有"必勿使反"，就是希望一定不要被"出"回来。有的命辞还说：一定要多积蓄私财。因为做人家媳妇被"出"是常事；能够共同生活下去，才是幸事啊。这时也提出对离婚的限制，如三次出妻、三次改嫁的，都要加以处罚。

此时期以及时婚姻为正礼，但也有独身难娶的，原因是贵族多妾，社会就不免多有"旷夫"。所以《周礼》媒氏有"会婚"措施，《遂人》的职责之一是帮助野鄙庶人成婚乐业；诸侯国也设有掌媒之官，让鳏男寡女结合，予以资助，称之为"合独"。也有女子不嫁的，战国时期多见，像齐地似乎存在这种风气，记载较多。其原因不详，也许与流行"招赘婚"有关系。

祈眉寿无疆　西伯善养老

这里说的是先秦时期祈寿与养老礼俗。

中国古代很少有"来生"的迷信，人们紧紧把握现实的人生，清醒知道一生从幼而壮，由壮而老，终不免一死，不过是要求生活过得丰富，活得长久一些。人们把一生的过程划为各个阶段，如十岁曰幼，应当学习；二十曰弱，可行冠礼；三十曰壮，有家室；四十曰强，可以服务；五十曰艾，可以从政；六十曰耆（音 qí），可以经验指导别人；七十才称老，八十九十称耄（音 mào），百岁曰期、颐（音 yí），即是要靠后人供养了。孔子说他 15 岁用心于学习，"三十而立"即能立志，"四十而不惑"，等等，一直说到 70 岁。这都反映了积极的人生观。因此，那时社会很早就有敬老养老的风气，以为人活到年老不易，应该继承老年人的丰富经验。

魏晋以前，中国还没有出现做生日祝寿的礼俗，但祈求长寿却很早就有，如"夸父追日"、"鲁阳挥戈"之类就是关于延长生命理想的传说。至迟到商代有"永命"、"永年"的词语。商周之际提到的"五福"之首就是"寿"。西周金文在"寿"字上大做文章，一个字有数十种写法，组成祈寿之词，鳞次栉比。起初简单，只是"用祈眉寿无疆"之类，后来繁复叠用，最繁琐的可看《疢钟铭》，一连用 30 多个字祈寿求福。金文和《诗经》都同样用"万寿无疆"、"万寿无期"、"眉寿"、"寿考"等词。《诗经》最繁琐者可以《鲁颂·闷宫》为例，其中有整章都是形容年老的状态和求得老寿的颂词。

这样，发展到战国时代，就有"称觞上寿"、"为某人寿"之词。不过，这还是在一般宴庆场合为尊长或君上所作的赞颂祝贺之词，并不是在某人生辰所使用的，因而还不是祝贺寿诞的用语。

养老在周代社会有浓厚的风气。这当由上代流传而来。在原始社会，尊崇长者，作为自发生成的美德，是人类历史的主流。至于远古时代世界上曾有过弃老、杀老的异俗，那不过是在狩猎、采集经济时期极端困苦、落后的条件下产生的，自始就不是人类生活的正常情况。中国早就有"老吾老以及人之老，幼吾幼以及人之幼"，"老有所终"等传统名言。在文王时，史称"西伯善养老"，一些"大老"，像伯夷、姜尚等分别从北海、东海前来投奔。周之先民迁往岐山时，要先"召耆老而告之"。春秋时代在周王册命的场合，特免老人的跪拜礼；发现老人参加工事劳役，执政者亲自赔礼道歉，并任之以官职。战国时代，开始有国君慰问民间老人的礼俗，赐田、免税、免役，成为后世王朝实行优老礼的先声。

社会尊老意识不仅在于老人年高，而且在于老人拥有丰富的人生经验和生产技术经验以及管事的智慧。农业中，以"老农"、"老圃"为求教的对象；人们处处敬重老人，行动时要让老人走在前面；打得猎物，老人要分得丰盛的一份。社会约定俗成：50岁应该穿帛，不再负担劳役，70岁要食肉，80岁要免除一子的徭役，90岁免除全家的徭役。政府还另有优待：50岁方可以授爵位，80岁、90岁的人，有罪可以不加刑。天子封禅巡守时，要访问80、90、

100 岁的老人，咨询他们的意见；国家设有掌管养老事宜的职官；对于殉职的老者及其家属，要给予特殊的恤礼和优待。

这些都是优良的道德风尚，后世历代仿行，对今日老龄化社会，很有借鉴价值。

周代以前的虞、夏、商，据记载都有养老礼，分为国老和庶老，分别在当时的大学与小学里举行，招待的酒食和行礼的礼服都各有差别。

西周继承前代的养老礼仪，酒食并用，更加丰盛；在大学"东缪"养国老，在小学"虞庠"养庶老；行礼时要穿玄色的古代礼服。

周代的养老礼节，已有详细的记载：结合入学、选士、乡饮酒和射礼的场合举行，以天子视学时为最隆重。"三老"、"五更"（或国老、庶老）都陈设席位，摆上酒食肴馔。天子清早莅临，袒露着上衣，亲自切割牲肉，拿着酱向老人进食、献酒；然后穿戴冕服，拿起舞具亲自领头行舞。酒食醉饱之后，向老者进行"乞言"、"合语"，就是当时在学的弟子们向老人请教古训善言，也就是向老人学习道德伦理和历史知识，听了之后，要提问和复述；最后还由学官加以评定。当时还有规定：按老人年龄高低，食具数量分等：60 岁三豆（盛食器），70 岁四豆，80 岁五豆，90 岁六豆；60 岁以上可坐，以下的都站立。并规定：乡学养 50 岁老者，国都的小学养 60 岁老者，大学养 70 岁以上的老者。行礼的时间，一般在每年春、秋入学时举行，另外在 3 年一次的选士时举行。以下各级则乡在乡饮酒礼、州在习射礼、党在年终大蜡之祭而分别举行。

 ## 邻有丧　舂不相

　　周代的丧葬礼俗充满伦理观念，当时有这样一句谚语：邻有丧，舂不相；里有殡，不巷歌。舂（音chōng），是杵臼舂谷去壳成米。进行这种劳作时，二三人一起围着石臼，一面持杵舂谷，一面同声喝歌，互相应和，古称为"相"。今天相声的"相"，据说是从这个意思而来。战国时荀子有《成相》篇，也是这种歌谣体裁。谚语是说：邻家有丧事，舂谷时不能歌唱；邻里有殡柩停着，不在巷子里唱歌。这很能说明当时人们对丧葬所持的深切同情心。《诗经》里有"凡民有丧，匍匐（音 pú fú，爬行之意，这里指急迫的样子）救之"的诗句，对丧家不止同情，还要给予济助。

　　先秦时代丧葬礼俗发生了一个很重要的转变，即从原始信仰灵魂观念升华到社会伦理范畴。人们对死者悲伤，对丧家慰唁，所谓"吊生恤死"，形成了一整套复杂的丧葬礼仪，完全臻于文明境界，奠定了以下二三千年的基本模式。

　　从原始社会进入成文历史时期，丧葬观念和习俗变化很大。大概在旧石器时代晚期，开始有对死者进行埋葬的习俗，反映已有灵魂观念。人们认为死者同生人一样，有住所，有出入，有日用品的需要。不过可能还没有产生悲伤的感情。因而那时的安葬也很草率，墓地不加封土和栽树作标志，葬在野外，只用柴薪围在四周。最初也有不埋葬的；也有去尸肉而埋骨的；也有堆柴用火烧的，还说这才是孝子，使亲人登天。这些都近似于近代后进民族中还在实行的"兽葬"、"天葬"和"火葬"。当时人们并不以为有什么悖理，这是那时社会条件下产生的意识和风俗。

先秦时代丧葬的伦理化，和原始时代有着野蛮与文明的天壤之别。《礼记》里有一处说到人类应该具有悼亡的感情，指出凡天地间的动物都有对同类的同情心，从大鸟兽到小燕雀，当失去群体、匹偶时，要环绕故地飞翔、鸣叫，方才慢慢离开。而人应当有更高的理性，对亲人的情感到死也不会消除。否则，那真是连鸟兽也不如，在社会群体中也会乱来的。这段话说得入情入理，深切动人。这叫做"物伤其类"。而先秦时代的丧葬伦理，即是以这种纯真的感情为基础的。

在阶级社会，伴随丧葬伦理化而来的是厚葬风气，这种风气在统治阶级中愈演愈烈。今天在考古发掘中可以看到的商代后期王室丧葬的那种奢侈靡费，令人发指。例子不必多举，只要看看殷墟考古发掘就够了。《墨子·节葬》篇早已对此做了基本的概括，他说："王公大人有丧者，曰：棺椁必重，埋葬必厚，衣衾必多，文绣必繁，丘垄必巨。"他们的坟墓里有大批的随葬物品：金玉珠宝、丝绸、车马、各种青铜器物。特别是用人殉葬，数量不小，惨无人道，"天子杀殉，众者数百，寡者数十；将军、大夫杀殉，众者数十，寡者数人。"古人所见和今天考古发现完全相同。这是奴隶制时代的特点，而这种厚葬风气却一直延续到封建社会。

当时，也存在反对厚葬的薄葬、"节葬"观点，墨子如此，道家亦然，儒家一般也主张办丧事要俭约。儒家除了丧礼上主张繁文缛节之外，又提出要量家之有无，所谓"称情立文"、"立中制节"，即适情、适中地行用礼制、仪节，不要过分；能够用衣衾收敛、下棺安葬就可以了，叫做"敛手足形，悬棺而封"。孔子对得意门生颜渊的早逝，非常悲痛，但不主张用椁安葬；他极力称赞吴国季札薄葬长子的行为。后来荀子提倡丧礼适中，说刻薄死者而厚待生人，固然不对；相反，刻薄生者而去厚葬死者，叫做"杀生而送死"，那简直是贼！

儒家对丧葬礼俗中如何调适感情和理智，还提出很精当的理论。《礼记·檀弓》记孔子的话说：把死人硬看做无知觉，纯依理智，则为感情所不忍，这是不仁；但是，把死人完全看做与生人一样，全从感情出发，流于迷信，那就是不智。强调把仁、智结合起来，这是处理两种片面化的妥善方法，是相当高明的见解。

厚葬和薄葬的对立，从此一直贯穿于历史长河之中。

丧仪制度化　文明又繁重

丧葬礼俗伦理化之后，先秦社会把办理亲人丧事看得极重，便逐渐形成了一套完整的礼仪制度；虽然有繁缛之弊，但它是相当文明的。我们今天见到的集中记载，主要是《仪礼》中的《士丧礼》和《既夕礼》、《士虞礼》，其程序、名目有五六十种之多。这里择其重要者，予以简要介绍。

（1）初终。亲人病危则移居正寝（住房的正室），所谓"寿终正寝"。待停止呼吸，亲属悲伤哭泣。

（2）复。即招魂，拿死者的衣服，登屋向北方呼喊死者的名字，希望招回其灵魂。

（3）帾（音 hū）敛。把死者放在南窗下的床上，用布物覆盖遗体，设置祭奠。家属也换上丧服，开始居丧。

（4）赴。向亲友报丧。后世称讣告。

（5）吊唁。亲友得讣告后即来吊唁，同时携来赠送死者的衣物等。家属答谢和陪吊。

（6）设铭旌。铭旌用狭长帛幅制成，上写"某氏某之柩"，挂在竹竿上置于堂前西阶，作为亡魂所在的标志。

（7）沐浴。用淘米水为死者洗身、梳头等。

（8）饭含。把粮食掺和碎玉放入死者口中称"饭"，放入死者口中的玉块等称"含"。同时还在其手中、耳中塞进珠玉等，在面部盖上饰物；并戴帽、穿鞋，再用布被覆盖全身，称为"冒"。

（9）设重（音 chóng）。"重"用一长条形木牌制成，悬置庭中，暂代亡灵所凭依的神主牌位。

——上述程序都在初终的当天完成，只吊唁一节的时间有先后。

（10）小敛。即为死者着装，用绞布扎束，向死者祭奠，亲属抚尸悲哭，至亲者捶胸顿足。

——此节在初终之后第二天举行。

（11）大敛。即死者入棺的仪式，由丧主（主持丧事者，即孝子）奉尸入棺、盖棺，举行大的祭奠，宾客致礼，亲属不断痛哭。大敛后的棺称"殡"，含亡人已成宾客之意，要停在客位的西阶。直到送葬时（当时士阶层为三个月）为止。

（12）成服。亲属按与死者的亲疏关系穿着正式的丧服，有的带持孝棒"杖"，又称"成服杖"。

——这两节在初终后的第三天完成。

（13）朝夕哭、奠。成服后到下葬前，家属早晚各在柩前哭灵和祭奠一次。

（14）朔月奠。在每月初一举行一次较隆重的祭奠。

（15）筮宅、卜日。占卜选择墓地和下葬的日期。宅，古称墓穴为阴宅，故称筮宅。

（16）既夕哭。下葬前的两晚在殡前举行最后的哭奠。

（17）启殡。又叫迁柩。葬前用灵车载柩迁入宗庙，并行祭奠，称为祖奠，也叫朝祖。

（18）发引。也叫行柩，后世称出丧，即下葬日送柩至墓地。亲友都来送葬兼赠助葬物品。同时举行祭奠。至于葬期，士阶级为"逾月而葬"。

（19）下葬。灵车到达墓地，把棺柩安放进预先掘就的墓穴中。这时也要祭奠，丧家肃立默哀，丧主哭踊（顿足），然后封土。

（20）反哭。葬毕，丧主奉"重"于灵车回家，置"重"于原来殡柩的存放处，升堂而哭。

（21）三虞。虞是安灵之祭，举行三次，目的是使彷徨无依的亡灵得到安定。祭时有迎尸之礼，"尸"是生人替亡灵受祭的代替者，要由死者的孙儿充任。这时，用桑木制作神主（即灵牌），取代"重"的位置。

（22）卒哭。即止哭，在虞祭后举行，实际是停止以前随时的哭，而改为只在朔望、时祭之时哭灵。

（23）祔（音 fù）。即把死者神主送入宗庙，附于历代祖先神座之后，在卒哭祭后一日进行。

（24）祥、禫（音 dàn）。这是居三年丧的祭礼。满一周年举行小祥祭，丧服改用练冠（白绢），新做栗木的神主取代原先桑木的，称作吉主；满二周年举行大祥祭，改服缟冠（白色绢的一种）；再隔一月即第二十七月（一说第二十五月）举行禫祭，除丧服，也就是丧服期满，禫为淡然平安之义。丧礼至此全部完成。

10　齐疏之服　饘粥之食

居丧和丧服，是丧礼的一个重要部分。

西周之初就有"丧服"一词。成王去世，康王即位朝仪完毕，便"反丧服"，即又穿上丧服，但什么形制不清楚。

最早明确记载丧服名称和居丧礼的，是春秋中期（公元前 556 年），齐国晏子为父亲居丧："粗缞（音 cuī）斩，苴（音 jū）绖（音 dié）带，杖，菅（音

jiān）屦，食粥，居倚庐，寝苫，枕草。"就是服最重的斩衰丧服，系着麻制的带，持孝杖（棒），穿草鞋，只吃粥，住在守丧的木屋里，睡在草席上，头也枕在稻草上。这要算是完整的孝子居丧情形。在这前后，晋、鲁等国都出现衰服的一些名物。从此，孔、孟都倡导三年丧和孝子守孝的规矩，所谓"齐疏之服，饘（音 zhān）粥之食"，就是穿粗布丧服、吃稀饭，基本如同晏子所行。后来礼籍中就记载着五个等次的丧服及其服用的制度。

至于三年丧的问题，也是在春秋中期稍后最初提到，晋国叔向说周景王的穆后和太子同年死亡，"王一岁有三年之丧二焉"，这是说夫为妻、为长子都服三年丧（这是一种古制）。但在这时候，一些国君死、后君即位的当年或次年，就举行祭祀、嫁娶等活动，都违反居丧的要求，反映这时三年丧制似乎还在形成之中。要不，便是当时服丧期间的活动并无严格的限制。

三年丧的原理是："子生三年，然后免于父母之怀"，要用三年丧作报答。战国后期，荀子正式提出"三年之丧，二十五月而毕"的制度，这为秦汉以后所实行；又有人考察较普遍采用的应该是 27 个月。

关于先秦时代的丧服丧期，《仪礼·丧服》已有完整、详细的记载。丧服包括冠饰（兼发饰）、衣、裳、带、屦（鞋）。衣、裳称衰（缞），带称绖，合称"衰绖"。丧服以最粗、服期以最长者为最重丧，依次递减递轻。另有执"杖"与否之分。丧服上的"五服"，大体是依据宗法与庙制的五级亲属——高、曾、祖、父、己身立制，己身下至玄孙亦然，就是渐疏远渐减服级。这里做简要介绍：

（1）斩衰。衣、裳的下缘不剪辑，布缕最粗，实即麻。丧期三年，为最重丧，其冠、带、鞋并有苴杖，如上述晏婴所服。此是臣为君，子及未嫁之女为父，承重（直系继承）孙为祖父，妻、妾为夫，父为长子所服。

（2）齐衰。衣、裳的下缘剪辑，布缕次粗，所服分三等：齐衰三年——父死之后，子及未嫁之女为母，母为长子；齐衰一年、杖——父在，子及未嫁女为母，夫为妻；齐衰一年、不杖——为祖父母、伯叔父母等，已嫁女为父母，祖父母为嫡孙，妇为舅姑等；齐衰三月——为曾祖父母、高祖父母等。一般宗族成员亦为宗子服之。

（3）大功。布缕稍细密，意谓经过大略的制作功夫。服期为九月，为从父兄弟、从父姐妹（未嫁）、孙女、庶孙、嫡妇，已嫁女为兄弟与伯叔父母等。

（4）小功。布缕细密，意谓经过细致的制作功夫。服期五月，为从祖父母、堂伯叔父母、从祖兄弟、从父兄弟之子、兄弟之孙等。

（5）缌麻。缌（音 sī）为麻丝，布缕最细密。服期三月，为族曾祖父母、族祖父母、族父母、族兄弟（即祖父母的伯叔父母以下的四辈），为曾孙、玄孙等。

另外，对未成年的死者（19 岁以下）服丧，有殇大功九月、七月，殇小功五月 3 种。

这套丧服制度，完整地体现了当时存在的宗族结构和宗法制度，从丧服表中可以看到以丧主（宗子）为中心，向上、向下和向旁的亲缘关系，逐渐由重到轻、有次序的丧服系列。

值得介绍的还有，此时期已经出现"金革夺情"和"掩骼埋胔（音 zī）"的礼俗。

"金革夺情"就是国家发生兵革大事，居丧者需要参加，也包括从政，这与"君子不夺人之亲"相抵触，所以叫"夺情"。相传鲁国伯禽服母丧时，为抗击淮夷，就在卒哭之后投身军事。所以，便有这5种服制各在什么阶段可以从政的规定。这个问题在以后的历史中一直存在，于是有朝廷起用居丧官员和官员答应"起复"是否应该的问题，从中可以看出当时政策、政风和官员品质的好坏。

"掩骼埋胔"就是敛葬无人埋葬的尸体。《诗经·小弁》说："行有死人，尚或墐之。"行，指道路；墐（音 jìn），指作路冢。是说道路上有死人，要哀怜其暴露尸骸而加以掩埋。《周礼·秋官·蜡氏》中就提到管理"除胔"之事，对死于道路者，派人掩埋并写明情况，悬挂死者衣服、用品，做出标志揭示出来，等待其家属前来认取。这是怜惜死者，也是维护社会环境清洁的善举，以后历代也经常出现。

 祭神如神在

祭祀鬼神的礼俗由来甚久，实质上它是表现人与自然，人与人之间的一种关系。

原始社会人们不了解自然现象发生的原因，人类对自身的生死现象也不理解，于是产生了万物有灵和神灵崇拜观念，产生了求吉避凶的要求。这样，天神、地祇（音 qí）、人鬼便成为人们祈求、报恩或力图控制的对象，其方式主要就是祭祀。

进入文明历史，人们对待鬼神的观念和态度不断发展变化，祭祀仪式也从原始到文雅和规范。礼籍里说到夏、商、周三代敬神观念各有一些变化：商代极为尊奉鬼神，"率民以事神"，就是指统治者率领民众去敬鬼神；周代"尊礼尚施"，即讲礼制和仁德，"事鬼敬神而远之"，就是敬事鬼神的同时，又与鬼神保持一定的距离，不完全迷信。今天看来，这是说对了的。商代祭祀繁多，用牲乃至用人牲作祭品，数量很大，可谓残民事神。到西周，由于天命观念的动摇，转为敬天保民，祭祀的重点转到祖先崇拜上来。同时，所祭的神位和祭礼也规范化了，虽然有繁琐仪节，但并不泛滥而什么都祭，牺牲也显著减少，人牲基本绝迹。

春秋时代开始重民、轻天、轻神。孔子就说过："祭神如神在。"就是说祭神时把神看做是存在的。言下之意，并不是真有神，只是心存虔敬罢了。孔子还说过"敬鬼神而远之"的话。郑国的子产早已认为：天道很远，根本和人间不发生关系。战国后期的荀子认为祭祀只是尽人的思慕之情，在上层社会不过是把它作为礼仪文化来看待，在民间便形成了习俗，还迷信它，提出"君子以为文，而百姓以为神"的精彩论断。

商、周都以"帝"也称上帝作为最高的人格神，西周开始又以"天"为至高神，合称"昊天上帝"。同时对日月星辰也加以祭祀。地面上有后土即地神，社即本土之神，稷即谷神，岱、嵩、华等高山及后来的"五岳"都是山神，江、河、川、渎（音 dú）等是水神，都要祭祀。又祀大火星为火神，引而下之为祭灶，再发展为家门的"五祀"之祭，就是祭住室的中霤（音 liù）、门、户、灶、行等五处之神；气候、野物与农田基建等都影响农业收成，所以有"八蜡"的祭祀；还有祭五行神、四方风、四时气，等等。所祭的对象和祭名、祭法繁多，不过到周代，总的趋势是逐渐集中、规范化。

《周礼·大宗伯》写有"以吉礼事邦国之鬼神祇……以烝、冬享先王"一段，简要概括了当时的祭祀框架：天神是昊天上帝、日月星辰和司中、司命、风师、雨师，祭法是烧柴升烟，内加牺牲或玉帛或酒醴。地神是社、稷、五祀、五岳，用牲血祭。对山林川泽，用埋、沉祭品的祭法；对四方、百物，用剖开牲体祭祀。祖先神在宗庙祭祀，分祼（灌）即献酒醴和馈食（主食和肉食）献祭两个步骤；并有时享（四季分祭），春祭称祠，夏祭称礿（音 yuè），秋祭称尝，冬祭称烝。

这就是对天神、地神、祖先神三种神灵的祭祀。必须明确，西周已开始以祭祀祖先神为重点，这是当时宗法制度已经完备，政治上宣扬德治和社会上重视伦理的必然趋势。他们百般美化祖先，把后稷、太王、文王作为至高的道德典范，要求子孙崇拜、仿效，并推及全社会。这样，就把祭祖转变为继承祖德，把神事纳于人事，把宗教转为伦理。所以，礼籍里讲：祭祀有"十伦"即十大伦理内容，从事神之道到君臣之义，直至长幼之序等等都在其中。明确这一点十分重要，这是祭祀伦理化的一个转折，后世都承袭下来。

正因为如此，祭祀尤其是祭祖便成为社会礼俗的重要组成部分。同时，祭礼也主要保存在宗庙祭祀仪式上。现简要介绍《仪礼》里的《特牲馈食礼》篇所载的仪节如下：

（1）祭前的准备。有"筮日"、"筮尸"、"宿尸"、"宿宾"，即卜筮选定日期，选定为"尸"者（即受祭祖先的孙子为代表祖神的人）和约请宾客（宗族中人）。再就是准备和清洗祭器和牺牲，陈设祭礼，安排席位。

（2）举行祭礼。有迎"尸"，"九饭"即三次献三饭（吃三次）；有尸酢（音 zuò，回敬）主人，祝官代神对主人说吉语；接着主人、主妇和宾先后三次向尸献酒食，然后主人向宾和兄弟们敬酒，传家的"嗣子"还要专门向尸献酒，再后是"旅酬"即众人依次敬酒、饮酒。

（3）祭后。送尸出大门，送给装在器具里的整块牲肉叫"俎"。嗣子和众兄弟吃祭祀剩下的酒食叫"馂

（音 jùn）"，表示能得到神赐的福，他们并回敬主人。最后，宾出大门，祭礼告成。

这套仪节，特异之处是设立"尸"，尸代表祖先而又是生人，便有一系列与人互相献酒、饮食的活动，祭礼就如同宴请宾客；其次是男女主人共同参与祭礼、三献，当时宗法规定，主妇称为宗妇而有法定地位；再次是"旅酬"一节，众兄弟等一同欢宴，密切宗亲感情。

12 礼尚往来　退"贽"不嫌

这里说相见礼。相见礼是人与人的社会交往礼节，先秦时期不仅对宗族、姻亲，对师长、朋友的交往也同样注重礼仪。

相见礼在当时还具有一种建立隶属关系的含义，拿的见面礼物叫"贽（音 zhì）"，又称"质"，有"委质为臣"的意思，在官府中可确定上下级的身份。臣见君、诸侯见天子为"觐（音 jìn）礼"，诸侯之间、卿大夫之间相见叫"聘礼"，这是高层的相见礼。这里说的是一般人士的相见礼，载于《仪礼·士相见礼》篇，仪节与其他相见礼只有高低之分。其仪节分两个步骤：

（1）相见。见者为宾，接见者为主人。宾持贽礼：士阶层冬天用雉，夏天用腒（音 jū）即干雉。宾先请见，主人则谦言这有辱于您，我将"走见"（意为自往宾处）。经过两次推让，又经过两次推辞贽礼，最后主人只好说："某也固辞，不得命（允许），敢不敬从！"

于是主人出迎于门外，再拜，宾答以再拜；主人揖请，先入门右；宾奉贽，入门左（右、左均为从门外向内看）；主人再拜受贽，宾再拜送贽。宾即退出，主人再请见，宾再反见（此时当有款待宾的礼节）。礼毕，宾退，主人送到门外。这里用一次"反见"，据说是表示由初见的矜持庄敬转变为亲切之意。

（2）复见、还贽。这是前次的主人往前次的宾家相见，并将以前所受的贽礼奉还。这时，宾、主的称谓互换。来宾说："前次，您来见我，使我不得不回谢，特来还贽于您。"主人辞，宾固请，也经过三次辞与请，终于"宾奉贽入，主人再拜受，宾再拜送贽，出。主人送于门外，再拜"，完成还贽仪式。以同一礼物退还，古人并不以为嫌，且是"礼尚往来"的谦敬表示。

这是士与士对等的相见礼。若是士往见大夫，则在初见之后即辞还贽礼，不再去士家还贽；若是君对臣的贽礼，则纳受而不退还。

相见礼的几个要点是：

（1）贽的重要性。贽是相见的礼物，借此建立友好关系。周代贽品分等级：天子用鬯（音 chàng）即香酒，诸侯用圭（玉礼器，其内又分爵级）。以下为孤（比卿高一级的爵位）用皮帛，卿用羔，大夫用雁，士用雉，庶人用鹜（音 wù）即鸭子，工商用鸡，叫做"以禽作六贽"。而妇女则另以干果干肉为贽。这些贽品都被赋予各种德性的含义，其实却是由原始社会生产、生活中的常见物品转化而来，如玉即由石器转来，皮、禽为猎物，干果为妇女采集经济的产品。这也是礼重"报本反始"的反映。

（2）行礼场合的讲究。一般相见，只在堂下庭中；下见上，只在堂下奠赞行拜礼（如主人再三邀请，也有上堂拜见的）；宾的身份较高，则在堂上相见，仪式亦隆重。堂上相见，位置在堂中偏东处，表示来宾迁就着立于东楹（音 yíng，庭柱）之东的主人。行礼场所不能轻易变动，否则被认为失礼。

（3）注意仪容和辞令。行贽的仪态要端庄、恭敬且程度要有分寸，忌讳傲慢，也避免卑屈。对待不同的人，用得体的言语和正确的称呼；见尊长说话，眼目所视有一定的高度；侍坐时要留意主人的神态而决定告退的迟早。

（4）跪拜方式。在相见礼中只提到拜和揖，在其他交往场合，有各种跪拜。这里一并介绍《周礼·春官·大祝》所列的"九拜"。其中稽首、顿首、空首、振动四种，都是跪礼，区别在于头至地或俯下的程度高低。稽首为头至地停留一会，顿首为头至地停顿一下即起，空首为头俯下而不至地。振动的解释有多种，一般说是跪拜时身体有所振动，相当于丧礼中"踊"的动作。吉拜为先拜而后稽首，用于祭礼；凶拜为先稽首而后拜，用于丧礼。再后面三种拜都是轻礼：奇拜只屈一膝；褒拜为报拜，即回报他人的拜礼，一般认为应是再拜；肃拜当为拱手礼，相当于揖，但须俯身，所谓"推手为揖，引身为肃"。要注意一点：当时席地而坐，姿势如今之跪，只是臀部坐于脚跟；跪则上身直起，双手引头慢慢至地，即形成各种跪拜方式。

13 乡人饮酒 尚齿习礼

乡饮酒是一种乡党中的集会宴饮，原始氏族社会早已存在这种酒会。"乡"是地方行政单位，在都城近郊，远郊农野为"遂"。周朝国都附近划分六乡，为统治族人居住区。居者身份比六遂居民高，又称"国人"，能参与礼乐活动。乡饮酒又叫"乡人饮酒"，是乡中宗族的欢宴，以之加强团结。又提倡"尚齿"，齿是年龄，就是崇敬年长者，礼序长幼尊卑，以灌输宗法精神。

乡，只是一个代表性的词，它下面还有州、党各级，也举行这种酒会。按照《周礼·地官》的记载，乡和州都在春、秋举行一次，党在季冬"国索鬼神"的大蜡祭后举行，国都则在季冬"大饮烝"行大飨礼，是盛大的乡饮酒礼。这些酒会都结合比射、选士或养老等活动进行。

不过，乡饮酒在周代已被赋予政治色彩，主人是乡大夫，宾为致仕退休在乡的贤能人士，众宾长为族中尊长。

今依《仪礼·乡饮酒礼》所记仪节，简介如下：

（1）礼前准备。有"谋宾"，即商定请一人为宾，一人为介（宾的副手），众宾多人，并从其中选出三个宾长。有"戒宾"、"陈设"、"速宾"等节，戒宾如前冠礼，速宾即邀请宾到来，届时也用"三揖三让"之礼请到堂上。

（2）行饮酒正礼。包括主、宾间的献、酢、酬，主人与介的献、酢，主人与众宾长、众宾长与众宾的献、酬。古人饮酒要经过献、酢、酬三节，献是主人给宾献酒，酢是宾回敬主人，酬是互相请饮。这里有的节次减少酬或酢，与整个程序、人数众多的具体情形有关。

（3）作乐。共4个程序：升歌，乐工上堂唱歌，用瑟（像琴的弦乐器）伴奏；笙奏，乐工在堂下吹笙；间歌，堂上唱一次歌，堂下又吹一次笙，相间进行，共行三次；合乐，堂上升歌与堂下笙奏同时进行，即合奏。所唱的歌词和吹笙的曲调都用《诗经》中有关的篇章。

（4）旅酬。大家由尊至卑依次劝酒饮酒。次序是：宾→主人→介→众宾（先长后幼）。

（5）无算爵、无算乐。这是尽情饮酒的一节，饮的杯（爵）数、奏的乐章都不计（算）其数。其间有专设人员举杯劝酒，新进肉肴，众人脱鞋升堂而坐等情节。

（6）礼毕。宾下堂，伴以奏乐，主人送宾到大门外。第二天，宾回谢主人，主人又加以款待。

《礼记·乡饮酒义》解释了这一礼仪的意义。除尚贤、尚齿的意义外，还说到礼中用的是玄酒（即远古常用的较薄的清酒），那是为了崇尚朴质和返本；讲四面之坐（即宾位在西北、主人位在东南、介位在西南之类）都象征不同的天地气象和季节气候等；讲到规定60岁以上的人可坐，50岁以下的人站着并做服务工作；各人面前摆的食器"豆"，数量也按年龄而有多少的等差；设专人监酒，是为了维持秩序，达到和乐而又不至散漫无纪律；吃的肉中有烹煮的狗肉，是为了助阳气，等等。其中"四面之坐"后世有不同解释，或以为是四方正向的坐位，或说是在四隅斜着向中间，存在一些争议。

二 继承与拓新——秦汉
至南北朝

　　这个历史时期在封建制度确定之后，经历了王朝的大统一和大分裂的阶段。北方各少数民族政权林立，促成民族间礼俗的第一次交流；道教的创立和佛教的传入，给传统礼俗添进了宗教迷信事象；封建主义的意识形态仍以儒学为核心，少数民族政权不断地汉化。这样，礼俗开始繁化，各民族的、宗教的殊风异俗改变了先秦时期的单一色调。

　　古代宗法制度变而为士族门阀制度，社会结构仍然以族落为基础，这也就是封建政治及儒学礼制流行的基础。这期间，战争、动乱和政权更替频繁，但统治阶级照样尊儒读经制礼；儒学受到了老庄玄学和佛道的挑战，但它的正统地位一直得以保持，乃至北朝的尊儒制礼也不在南朝之下。北方民族汉化的结果，也可说实际上是扩大了儒家礼学传播的领域，从而使传统礼俗经过一次发展而丰富起来。

 ## 高禖有祠坛　新兴九子母

　　高禖神到这时有了祠宇和台坛。汉武帝生了戾太子，很高兴，便制定祭高禖的祀典，文人枚皋、东方朔为此而作赋。到东汉时在京城南边造起高禖祠，定下祭祀的时间和祭礼规格。魏明帝青龙年间，又建造高禖坛，上面立石为神座；西晋继续建坛立石座。南朝宋武帝时，用特别的竹叶花纹石作高禖神座，外造小屋遮护。在北朝，北齐建的高禖坛达到26尺宽、9尺高，有4层台阶，四周围有矮墙，已有相当规模。这时期对高禖神的祭祀都照周代的仪节进行。

这时求子的对象又新添了九子母这一神灵。这来自先秦时的传说：有个女岐，不与丈夫配合而生九子。这样会生子的神，自然成了求子的对象。西汉元帝与王皇后就在宫中设有一座画着九子母像的画堂，生下儿子即后来的成帝，以为这是效应，从此流传开来。后来又有"鬼子母"之名，据说与九子母是一回事。

祈求的对象还在继续扩展。到北魏，民间还有到孔庙求子的，许多妇女进到孔庙，"有露形登夫子榻者"，即露身登孔子床的。真是求子心切，到了忘形的地步，于是引起皇帝下诏禁止，说这是亵慢圣人的鄙俗。

汉代的胎教，进一步强调母胎重要的观念。贾谊的《新书》论述人的品质源于母胎，好比凤凰生来就仁义，虎狼生来就贪残一般，认为胎教的理论应该写在"玉版"上，藏在"金匮"里，给后世以教训。汉人盛传他们的开国皇帝刘邦是其母亲与龙交合所生的神话和赤帝子斩白帝子的故事，和这种血统论互为因果。东汉王充在所著《论衡》的《命义》篇中，说人有三种命，其中一种"遭"命就是在孕娠的时候遭遇到不好的事物感应，如雷雨的激烈震动而孕育不良，即使能长成也不免早夭。他还说到"妊娠食兔，子生缺唇"，这完全是一种附会，可见当时的唯物论者也难免受习俗的影响和局限。同时书中也继承先秦礼籍提到的内容，如怀孕与心理、感情有密切关系，心情不正常、生邪妄之念，生的儿子就会形貌丑恶、狂乱不善。这里有一定的心理卫生学的道理。直到南北朝的末期，如颜之推的《颜氏家训》里同样有这一类胎教理论。

 生儿贺羊酒　试周始流行

生儿致贺，大致从西汉之初就开始出现。刘邦与卢绾同乡里，又是同日所生，所以"里中持羊酒贺两家"；两人长大又一同读书，互相友爱，人们又拿着羊酒来庆贺。此后便流行贺儿的风俗。到东晋还有个笑话：元帝生了儿子，庆贺时遍赐群臣酒宴，豫章太守、光禄勋殷羡，为人忠介，一时表示谦敬，脱口说出一句话："臣无功劳，承蒙皇上赏赐！"元帝听了大笑，说道："这件事岂可让您付出功劳呢？"令人忍俊不禁。

在产育习俗中，东汉有一种生儿不洁的观念，临产时要移到偏僻的房室；又以胎儿和胎衣同出为不吉。

同时也还流行着避忌"不举"的陋习，即忌月、忌日。如武威地区认为二月、五月生子，生儿和父母同月的，都不吉利而将其扼杀。后来张奂任太守，进行教育和惩罚，方才改变了这个恶俗。有的地方认为五月初五生的孩子，男害父，女害母；一胎生三个的，认为像牲畜，也妨害父母；还有忌讳胎位不正而生和生时即长髭须的，等等，都不养育。再有就是因重男轻女而不养育的。颜之推在他的《家训》中说了一个亲眼看到的例子：他的一家远房亲戚，当媵妾临产时，便派奴仆监守，偷偷窥看，见到生下女儿，就马上抱走。产妇随着号哭起来，但也没有办法，使人不忍听下去。颜氏说：这是残害骨肉，毫无道理。

命名礼仍照从前的仪节，只是命名不再受那些忌讳的限制，还偏爱用"牲畜"的贱名，如司马相如小名"犬子"，六朝时有取名狗子、狗儿、猪儿等的，北方很多地方取名驴驹、豚子之类。这本来是周代忌讳的一项，但此时认为用贱物命名能求得孩子健康成长，这种风俗一直流传到后代民间。

六朝时期已经流行小儿"试周"的礼俗。当时在江南，小儿满一周岁时，就制作新衣，沐浴打扮起来，亲友来贺。对男孩子用弓矢、纸笔，对女孩子就用刀尺、针线，再加上食品和珍贵玩具等，放在小儿面前，看他想拿哪一件东西，以此来试他（她）的贪、廉和愚、智，叫做"试儿"，后世又称"试周"或"抓周"。仪节和试儿的目的也不断改变和丰富起来。

教妇初来　教儿婴孩

"教妇初来，教儿婴孩"，《颜氏家训·教子》篇里说到这句成语，是说教媳妇要在初来的时候，教儿童要在婴儿时期。这反映此时的幼教理论、方法都有所发展。颜氏讲了幼教要及早行之的理由：儿童长到能识人脸色时就要加以教育，长大了就难教好，即使鞭笞之也白费。他还提出从实际出发，认为母教和保姆的教育都很重要，禁止儿童粗野，师友不及保姆，如同劝止人们争斗，尧舜之道也不如寡母的呵斥。又提出"威严而有慈"的宽严结合原则，着重论述只有爱、没有教，放纵孩子会造成严重后果，以致出现败类而无可奈何。他是有感而发的，并在一些篇章中列举许多上层社会子弟变坏的事例。认为都是因为家长放纵，子弟不学无术，养尊处优，只顾吃穿装饰，出行有车马，居住有宫室茵席，赏玩有珍宝，整天游乐；而才能却很平庸，考试便雇人答策，赴宴就请人作赋；一旦变乱，地位变化，就束手无措，暴露出十足的庸人面目。当时还有不少讽刺这类人物的谚语。

对女儿的幼教，东汉班昭（史学家班固之妹）作了一篇《女诫》，发挥《内则》的精神，进一步抬高男子、贬低女性，说生男如狼，还怕他不威猛；生女如鼠，还怕她带有虎气。还对"四德"作了歪曲的解释，极力压抑女子能力的正常发挥。这样，完全确立了封建社会严厉的女教传统。当然，这毕竟还不能覆盖全社会，汉代的乐府诗中照样出现了健美、活跃、支撑门户和自主婚恋的女性形象。

 ## 加冠的冠次有增减

这个时期的冠礼，见于记载的都是皇室所举行的，因此就有别于"士冠礼"，比如用"金石之乐"，这是"士冠礼"所没有的。

秦从始皇起，西汉从惠帝起，东汉从和帝起，都行冠礼，称为"加元服"。元服就是首服，即冠，古代又称冠为"头衣"。西晋和南北朝的一些皇帝，也都举行冠礼，还有皇太子和皇子的冠礼。一些高官贵族亦行冠礼。

冠礼仪节上有一些变化：东晋以下用金石之乐和百僚陪位；又新撰乐章和礼词，如汉昭帝时的冠辞，和《士冠礼》所记就完全不同。再一个明显的变化是加冠的次数不限于"三加"，皇帝有四加：一缁布冠，次爵弁，三武弁，四通天冠。古礼也有这种说法，但不见实行。而王公以下则只一加进贤冠。曹魏时，皇帝也只一加，太子再加，皇子、亲王等乃行三加。皇帝一加的理由是，他极尊贵，不能和士冠混同，自此历朝遵循。北魏孝文帝为太子恂加冠为再加，后来认为太子应该四加，翻悔这是缺礼，观念又有变化。再次是开始用"皇帝临轩"之制，太子加冠时，天子在堂前的廊槛上主持，与以前主人"立阼阶上"有异，这大致在东晋时始见，以前为皇帝派使者代行。这时又增加了拜父一节，以前只有拜母之礼。最后是增加了礼后大赦和赏赐臣民的宣扬活动，皇帝冠礼毕，群臣要奉觞上寿。

具体仪注也有新修订的，大体仍沿袭周代。今以搬用南朝成制、《隋书·礼仪志》记载的北齐冠礼为例：

皇太子行冠礼的前一天，皇帝和宾（光禄卿担任）、赞都要斋戒。冠礼当日清晨，由太尉遍告七庙，在阼阶上设筵席和御座，皇帝入御座主持。初加进贤三梁冠，再加远游冠，只此二加。礼毕，太子进至御座前拜皇帝即拜父，由官员代皇帝向太子致命辞，宾进行命"字"。然后太子拜三师、三少（师、傅、保）和群官，即士冠礼的"诸拜"。皇帝由阼阶下，还宫，太子随着进宫拜皇后。之后再择日拜庙。

这种冠礼，基本程序除只二加之外，仍依照古制；而不在现场拜母，是一个较大的变化。隋朝在《礼仪志》中加以记载，说明当时是行用这个仪节的。到唐朝又有所增补。

何如花烛夜　轻扇掩红妆

这是南朝梁何逊的两句诗，它反映了这个时期的婚礼开始流光溢彩，和先秦时期婚礼的青黑色调相比，是一显著变化。

当时的婚仪还是以古代"六礼"为常。但是，行礼的实践开始不拘一格了。聘礼的物品显见丰富奢华，皇室和富贵之家多得惊人，士庶阶层也已超过前代；增加的很多礼俗事象，有吸收北方民族的，也有汉族民间推衍创造出来的。这样，给古代婚姻礼俗添上了一层新的色彩。

汉代的议婚，是由男家或使者到女家请婚，也有向女方的亲族去说合的，都有答允与否的例子；亦有女子自主的，但须得到父母的应允，私奔者则受到父母的责怨。择妇的条件有形貌、才德、门第、资财等；择婿则主要是看形貌、才德。这时门第观念已经浓厚，以门第相当为主，士大夫与宦官结亲受到非议，低门攀高门的则是想得到援助。这是在宗法等级制度崩溃之后，改以现实的经济、政治地位作标准的封建社会前期的情形。

由此，婚礼中重财礼，从汉代开始便突出起来，这是秦以前所罕见的。如"六礼"中的纳采，皇室、官家不再只限于用雁，纳征也不限于玄纁、束帛、俪皮。皇室增添了璧玉、乘马和羊酒。东汉郑众作《婚礼谒文》，开列从玄纁、羊、酒等以外的各种珍异物品直到凤凰、舍利兽等等，一共 30 种，每一种都赋予美好的象征意义。同时还用大量的金、银、绢帛，据说汉初高后曾定制：聘皇后是 200 斤黄金、12 匹马；聘夫人是 50 斤黄金、4 匹马。实际上后来远远超过，有用到 3 万斤黄金、5 万匹绢帛的。有的皇子纳妃，聘礼黄金也达到 200 斤，相比之下还是最轻的。这是封建社会最高阶层炫耀财富，穷奢极侈之举。抛开古礼，在纯朴的嫁娶中加进了"买卖"的因素，开后世"财礼"和婚事奢侈的先例而遗患无穷。

官宦之家也追随其后，东汉末董卓纳一个寡妇，用重车百乘装载聘礼，还有大量的钱帛、奴婢和马匹。社会上一般富家，如东汉鲍宣娶妻、马融嫁女，史载"装送资财甚盛"。而贫家无力，只好"借贷币以聘"，因此有的地区男子耽搁到 50 岁尚不能娶妻。

东晋时，纳采礼始用书"版"，上写礼文、婿父名和纳采礼品，这是婚书的初始。即使是颇重汉族古制的北齐，其婚仪聘礼规格也已不从古制，纳征用雁（古礼这一节不用雁），并用羊、酒，还有粮食等等。皇太子娶亲还要用大玉璋、兽皮、锦 60 匹、绢 200 匹，除羔羊外另用羊 4 只、犊 2 头、酒黍等各 10 斛。亲迎用车马也按等级：皇（太）子百辆，一品官 50 辆，二、三品官 30 辆……奢侈可见一斑。

贺婚礼仪在西汉正式实行。武帝时，田蚡娶燕王女，皇太后下诏召集列侯、宗室都前往庆贺。后来宣帝也下诏，明言不要禁止酒食礼乐。婚礼用乐从汉代开始，南北朝时代或禁或用，屡有争议，但基本上已难禁止。北魏时有人指出：如今诸王娶妃都由乐部提供乐伎助欢乐，唯独禁止平民百姓作乐，这岂不是奇异的事情？可见婚礼用乐已经是一种趋势。

东汉民间婚仪用"六礼"的过程，可从古诗《孔雀东南飞》所载窥其一斑："县令遣媒来"，"不得便相许"，这是行媒与辞议；后又"遣丞为媒人"，"阿母谢媒人"，而"阿兄……谓阿妹……登即相许和，便可作婚姻"，这是兄长作主许婚；接着媒人回报

"言谈大有缘",府君"视历复开书,便利此月内,六合正相应",这是卜筮准备纳吉;而"交语速装束,络绎如浮云"一段,当是行聘礼和请期;下面"金车玉作轮,踯躅青骢马……"一大段是备置丰厚的嫁妆和亲迎。由于是诗,用词有艺术灵活性,但还能见到其大致过程。女家是一般民户,而嫁妆办得富丽纷华;男家是县令,竟能"赍钱三百万","杂彩三百匹","从人四五百"行亲迎之礼,也可见此时社会普遍讲究排场了。

这个时期的婚礼,新增的许多仪节纷华焕彩,增添了喜庆气氛,为后代所沿用。其中有雅有俗,不一而足。

(1)却扇。东晋温峤娶姑母之女,在婚礼中,新妇用扇掩面,交杯时,新婿把扇移开,叫做"却扇"。时人加以赞美,本节题目所引两句何逊的诗就是其一。还有文学家庾信句云:"分杯帐里,却扇床前。"陈朝周弘正有诗云:"暂却轻纨扇,倾城判不赊。"唐朝诗人更多此类吟咏,把婚礼描写得风流蕴藉。

(2)撒帐。起于汉武帝。他聘娶的李夫人初至宫前,武帝迎入帐中,预先吩咐宫人到时就撒出五彩的"同心花果",他们双双用衣襟盛着,说是这样能多生儿子。后世广为流行,有的特铸铜钱抛撒。

(3)撒谷豆。相传起于西汉翼奉。京房嫁女于翼奉之子,男家选择的亲迎日期,京房以为不吉利,有青羊、乌鸡、青牛三种煞神在门,新人不能进入,否则会犯煞,损害长辈并且不能生子。翼奉不以为然,还是用这个日期亲迎。而在新妇进门时，抛撒谷豆和杂草，就禳除了三煞。这是一种迷信事象，可是却从此流传下来，后世变化出多种形式。

（4）花烛。今人称婚事为"花烛之喜"，但秦汉以前并未出现，它兴起于南朝。先是王侯贵族采用，在新人同牢合卺时点燃，称为"牢烛"；烛上又施以彩绘，所以说"牢烛侈缋"。这自然有助于喜庆气氛，但有人以为奢侈，提出禁用。不过并没有禁断，到唐朝有"观花烛"的节目，从此普遍流行。

（5）系臂。用红纱系于新妇手臂，表示夫妇从此系属不离。这个风俗起于西晋，晋武帝选宫女，自择美丽者为妃嫔，用红纱系在她臂上，胡贵嫔就是这样入宫的。从此社会上仿用，以为姻缘命定，所谓"千里姻缘一线牵"。后世逐渐衍化为新人共牵一条彩巾，谓之"牵巾"。

（6）银杯代瓢。以银杯代替古代的瓢，起于南朝。古代"合卺"用瓢，是崇尚朴质和自然；用银杯取代，则显示贵重，但已丧失原义。南朝之末有人提出禁用，也是禁而不止，此后便只用杯而称"交杯酒"了。

还有几项北方民族流传的仪节：

（7）青庐。据唐人讲，北方婚礼，用青色帐幕围成房子，置之门外，新人在其中交拜。其实，《孔雀东南飞》诗中有："其日牛马嘶，新妇入青庐。"说明东汉时已有青庐。后世北方民族的婚礼，在家院中张帷幕、搭大棚，当是青庐的新变化。

（8）坐鞍。坐马鞍，取平安之义。女子出嫁时坐新婿的马鞍，后世演变为至夫家入门先跨过马鞍。

（9）催妆。催促新妇装束，及早起程。在青庐交拜后，男家领着众人，挟在车旁呼喊"新娘子催出来"，直至新妇登车为止。此俗起因在于母家以女儿骤然离去，有"思相离"之意，尽量多留一会儿；也有考验新婿性情的用意。后世则有多种留难的方式。而男方接亲人呼唤催促，也是代新婿解除困窘。

此外，各地还兴起一些婚俗，虽然鄙陋，却流行到后世而不衰：

（1）闹房。兴起于汉代，当时已经发展到因恶作剧而导致人亡家破。有这么一个故事：汝南张妙士去会杜士，正逢杜士娶妻，于是酒后相戏，竟把杜士捆绑起来，捶打 20 下，又倒吊着而终致其死。东晋此俗继续流行，一遇婚礼，人们除了吊打新婿，以致伤残之外，便是戏谑新妇，用一些鄙俚的语言进行诘问，催促回答；有时把新郎哄走，众人对新妇争相戏谑，叫作"谑亲"，或揭开她的下衣用针刺皮肤，或脱掉她的鞋子来量脚的大小。南北朝时期，北方也流行起"弄婿法"、"谑郎"之类习俗。堂堂北齐皇帝高洋在娶妃子时，新妇的姐姐却以"弄婿法"戏弄高洋。另一方式是"打婿"，当新婿到女家迎娶时，女家一群亲宾、妇女齐集，各人拿起棍子以打婿为乐，也有造成损伤的。这种闹房、谑亲的过度泛滥，当时已为社会人士所指斥。

（2）偷听新房。亦在汉代流行，著名的有东汉马融之女嫁与袁隗，新婚之夜，帐外就有人偷听他们的洞房对话，幸而新人说的都是一些高雅的内容，如要仿效梁鸿与孟光的德行等，结果使"帐外听者为惭"。这是为正史所记载的，可见其行之普遍，已约定俗成。

（3）障车。这是由奢侈风气引起的求利与戏谑之俗，出现于南北朝时期。一些人趁人家亲迎在途，便拦住车乘，索要酒食。有时人数很多，阻拦的时间很长。

有几种称谓的来由，在此作一介绍：

（1）驸马。魏、晋时期，娶公主者被称为"驸马"。汉武帝时设置驸马都尉官职，魏何晏，晋杜预、王济都娶公主，又都任驸马都尉之职，后世就称娶公主的新婿为驸马都尉，简称驸马。不过这并非事出偶然，此官职贴近皇帝，犹婿之与妻父关系亲近，故能流行。

（2）东床。称女婿，起于东晋。郗鉴派门生到王导家请求择婿，门生回报说：王家诸子听说选婿，一个个都很矜持，装模作样；只有一人袒腹卧于"东床"，吃胡麻饼，好像不知道有什么事一般。郗氏说：就是这个人最好！经打听，原来就是王羲之，于是把女儿嫁给他。从此称贤婿为"东床"。

（3）冰人。对媒人的称谓，起于晋代。据载：有个孝廉令狐策，做了一梦，梦见自己站在冰上同冰下人说话。索纮善于术数，帮他解梦，说冰上为阳，冰下为阴，显示的是阴阳之事；《诗经》又有"士如归妻，迨冰未泮"的话，这就是婚姻之事，你将要为人作媒。这时果然有人来请令狐策为媒人，事成，应了梦景。从此以后，就称媒人为冰人。

此时期还出现了几种不正规的婚娶风俗：

（1）拜时妇、三日妇。这是在离乱中或因家贫或因家庭变故而施行的过简的婚礼，在东汉至魏晋间一度出现。所谓拜时妇，即在事前遇上吉日或"拜新年"（当指丧事），给新妇蒙上縠（音 hú，皱纹纱）纱来到男家，由新婚揭去縠纱，拜见舅姑，即成婚礼。拜后复回女家，以后随时可以迎走。这实际上是民间称为"冲喜"的一种形式。三日妇，婚礼更简单，男女定婚后，即可同居数日，成立夫妇关系，既未具"六礼"，亦未拜公婆，实际上相当于直接同居。当时人对此褒贬不一，鉴于丧乱之时，一般以之为权宜之计而倾向肯定。

（2）丧中嫁娶。如果说拜时妇是当父母病危时借喜事以慰藉，或可挽救病人，同时亦可避免父母亲死后丧期漫长而耽误及时婚姻，那么，丧中嫁娶则是已经居丧而嫁娶。由于丧期制度有所变化，人们的观念也有所不同。明显犯制的如，西汉曾有皇室中人在"山陵未成"时即聘妻、宴乐，终被免为庶人。东汉有人居父丧而私聘小妻，坐削官职；有人伪装在墓道中居丧，实际在其中生五子，被发现而治罪。西晋有人在姊丧中嫁妹，有丧前妻仅三旬而娶妻者，终被人弹劾而贬官。因此，魏晋时有议禁断，一般是：期（音 jī）丧（周年丧）以上不可嫁娶，大功之末、小功以下可以嫁娶；期丧降在小功或大功之末者，可为子冠、婚。

6 防隔内外 咸化廉清

自秦汉开始的婚姻观念，支配着封建婚姻制度数千年。秦始皇会稽刻石文字就提出禁止"有子而嫁"，严厉禁断招赘婚，等等。这里集中讲了贞节思想，要求"防隔内外，禁止淫佚"，要造成"男女洁诚"、"咸化廉清"的风俗。足见秦始皇对婚姻制度十分注意，也可见法家施行封建礼制之严厉远在儒家之上。以皇帝的题词宣示婚姻观念和制度，这是以往没有过的。秦始皇不仅说，而且在切实地做，他表彰巴寡妇清，特为她建立"女怀清台"，以树立典型。这也是他推行统一全国各种制度的组成部分。汉朝继起，有西汉宣帝下诏对贞妇顺女赐帛，东汉安帝开始旌表贞妇门闾。从西汉的"三纲五常"论、《列女传》的问世，到东汉《女诫》的编撰，逐渐形成了"从一而终"的封建婚姻观念的传统。当然社会上还不免存在着它的对立面，女子私奔、再嫁、自由择偶等现象仍时有发生。

真正忠于一夫一妻制的，倒是广大的老百姓。他们以爱情为基础，共同生产持家，夫妇平等。《说文》说："妻者，齐也。"这可以概括汉代一般人的观念。乐府诗《陇西行》云："健妇持门户，亦胜一丈夫。"是人们对妇女能力和地位的一种评价。

这一类乐府诗，描写了男女互相爱慕、钟情，如《上邪》、《有所思》、《董娇娆》之类，既有女子对美满婚姻的期待，也有对爱情波折的嗔怨与担心，仿佛再现了《诗经》"国风"的风韵。而《陌上桑》、《羽林郎》一类，则描绘与赞颂了美丽的罗敷、胡姬忠于原配，守志不二，拒绝他人调笑的美好品德和感人的情节。至于《孔雀东南飞》，夫妻双双殉情、合葬，更是哀婉动人、可歌可泣的千古绝唱。在现实社会，如东汉宋弘忠于自己的妻子，拒绝光武帝想以长公主嫁他的诱惑，说出"贫贱之交不可忘，糟糠之妻不下堂"的百世名言。孟光之配梁鸿，举案齐眉，相敬如宾，一直是一夫一妻婚姻的典范。

这无疑反映了当时婚姻的感情基础，一夫一妻制为各阶层普遍遵循，从而保持了家庭牢固和社会稳定。

统治阶级的妃嫔、媵妾制，即实质上的一夫多妻制，这时期仍继先秦而发展。从前那种妃嫔"百二十"的制度，此时的统治集团更成为实践者和发挥者。

秦始皇"宫备七国"，死后数千宫人殉葬。汉代皇帝"世增淫费，至乃掖庭三千"，后宫达到3000名妃嫔。王莽把他的后宫分为4级，与朝廷的公、卿、大夫、元士4级平行，名额从3起递乘3倍，相加总数达到120人，正合前述《周礼》之制。东汉的后宫也增添品级，特别是"采女"活动，开了历代选美女的恶例。所谓"八月算人"，就是在每年八月派遣官员，对洛阳民间巡视一次，凡13～20岁长得健美的女子，选入后宫。从而使六宫采女达到数千人。当时诸王和贵族、官僚，在正妻之外，又有小妻、傍妻、下妻或小妇、下妇、妾、婢，有的拥有小妻竟达37人之多！

三国、南北朝的皇帝更兴起"双后"、"双妻"之制。孙皓的滕后失宠，而宫妃佩带皇后印玺者便有多人；前赵刘聪时有上皇后，左、右皇后的称号；北周宣帝亦如此，进而立天元、天右、天左皇后等，后来又冠以"大"的尊称；北魏也有类似的情况。这不只是继承古代滕妾制，而且是"多后"制，正是古礼忌讳的"并后匹嫡"，亦即公开的多妻制。南朝皇帝还算遵守古制，但一般也是三夫人九嫔。这时，诸王、郡公、侯及品官等有置妾的定额，从八妾六妾，至四到一妾不等。实际上，有的官僚豪富也立两名正夫人，或称左、右夫人。士庶之家也有婢妾。《颜氏家训·后娶》篇里提到"江左不讳庶孽"，妻死用婢妾主持家事；而河北则必须重娶，有娶至三四人者，以至引起家室不和，屡起讼事。

至于相反的一妻多夫制，这时也出现极少事例。如西汉宣帝时，燕代地区出现过"三男共娶一妇，生四子"，难以均分，引起诉讼之事。

这时还出现官府的赐婚与强制配偶。赐婚在皇室屡见，汉文帝的窦姬就是吕后赐给的，吴孙权把何姬赐给马和。进一步发展便是群体的强配：西汉淮南王曾命令九江郡一带的民家女，"以待游士而妻之"。三国魏灭蜀汉后，就将蜀汉宫人全都分赐给无妻的魏将领；魏、北齐都曾兴起"录送寡妇"的勾当，命令郡守将成千的寡妇，实际上包括不少活人的妻子配给有功的士兵。

社会上还流行指腹婚。早在鸿门宴上，张良争取项伯保刘，带他见刘邦，刘邦就对项伯敬酒，并"约为婚姻"。这是未生儿女之前，预先订约。东汉初，贾复为光武打天下，被河北义军重伤。光武来慰问时，贾妻正怀孕，便定下：若生女，我子娶之；若生男，我女嫁之。此俗到西晋、南北朝时更加流行，就明言"指腹为婚"。

这期间，"童养婚"也正式出现，汉代称做"待年"。汉昭帝的上官氏，立后时年仅6岁，等到婚龄时再结婚。曹操一次进三女于汉朝皇帝的夫人，"小者待年于国"。当时东沃沮族盛行童养媳，女孩10岁即许至男家，养大至婚龄期，又送回娘家，再行迎娶。这种包办婚姻形式下，民间小媳妇多半在男家服劳役、受虐待。

上述几种婚姻，都带有极大的强制性与剥削性，尤其是统治集团，根本不管什么婚姻制度，为所欲为，广大民家深受其害。

这个时期一般实行早婚。汉代皇帝、太子有不少人在十五六岁成婚。下及魏晋，相沿成习。晋武帝曾规定："女年十七，父母不嫁者，长吏配之。"17岁仅是下限，可早不可晚。从那时的《列女传》看，不少女子13岁便出嫁，有的14岁即守寡。南朝皇帝有的在10余岁时便纳妃、立后。北朝婚龄更早，魏、齐一些皇太子，都是10余岁时生子。北周武帝曾下诏说：

"自今以后，男年十五，女年十三以上，爰及鳏寡，所在军民，以时嫁娶。"鲜卑族人多是早婚。只有南方骆越地区，官方规定男20～50岁、女15～40岁，互以年龄相配，原因是他们"无嫁娶礼法"。

早婚的危害，已有人指出："未知为人父之道而有子，是以教化不明而民多夭。"而早婚多见于上层，显然是贵族骄奢淫逸的生活条件所致。

中表婚又称"重亲"，以汉代皇室、贵族阶层最为流行，从前代互婚集团沿袭而来。其中既有两家同辈，也有上下辈乃至祖孙辈之间的表亲结合。汉惠帝的张皇后是他胞姐鲁元公主的女儿，这是舅父娶外甥女。吕后将内侄孙女配给高祖子赵王刘恢，是表叔娶表侄女。武帝还在任胶东王时，就与姑母大长公主嫖之女联姻。昭帝的上官皇后是霍光的外孙女，宣帝是昭帝的侄孙而立霍光之女为后，就是以叔祖母的姨母为皇后，颠倒了四辈的亲序。后来汉成帝娶的许后，是他的表姑母；中山孝王刘兴（元帝子）娶的卫姬，是他的姨母。

东汉明、章帝两代公主下嫁冯勤的子及孙，耿况这一世家和皇室四代结亲。

这种现象都是由皇室与重臣的政治关系和统治集团的封闭性所致。

汉代民间亦多两族相互嫁娶，如高密大族郑崇与王姓世代为婚，成为一种交换婚的典型。

魏晋至六朝，盛行士族制度，门阀观念更强，联婚的圈子缩小，大姓大族之间累世嫁娶，如东晋王、谢之间的联姻，可为代表。社会上以攀高门为荣，以女嫁平民为辱。这种风气远播北朝，像北魏就几次由皇帝下诏，禁止皇族、高官及士族阶层与下层民户为婚。例如：北魏的崔巨伦，其姐坏了一只眼睛，门当户对之家不愿娶她，但又不肯下嫁平民，结果由其姑母纳为儿媳。门阀观念自然造成中表婚。

这种近亲繁殖的婚姻形式，危害子孙繁衍和体质的进化，可是此期间及其前后一直流行不衰，成为社会一大痼疾。

转房婚即收继婚，在华夏地区多为弟娶寡嫂。西汉的直不疑被人讥笑为"盗嫂"，他回答说："我乃无兄。"汉代的匈奴、乌孙和乌桓等少数民族中，都实行这种婚制，汉室前去和亲的宗室女细君、王昭君都免不了这类转房婚的命运。原因是这些民族把妇女看做家长制家族的活财产，夫死后寡妻只能在家族中转嫁。在汉族中，随着儒家伦理观念的加强，这种婚俗被视为淫秽乱伦的行为，遂逐渐衰微。至于"烝"、"报"一类的收继婚，就基本消除了。只在北朝的鲜卑等族中还有所留存。

汉代离婚比较自由。汉皇室的外戚亲眷中有许多是改嫁的，还有改嫁两次的，皇后中也有再醮（音jiào）之妇。公主再嫁也不止一人，皇帝并不以为嫌，还亲自促成其事。如汉武帝的姑母馆陶大长公主寡居后，武帝同意她与一个卖珠小儿董偃结合；光武帝为长公主想再嫁宋弘而去说合。此俗直至魏晋南北朝仍然存在，南朝宋文帝得知海盐公主有异心，与夫婿打骂，就下诏让他们离婚。

民间的离婚、再嫁再娶也是常事。汉初陈平所娶的张负之女，是五次改嫁的妇女；张耳所娶外黄富家之女，也是离婚后改嫁的；卓文君新寡而私奔司马相如；朱买臣妻子嫌贫而要求离去。这些都是著名的事例。可见在汉代，秦始皇的那套禁令就已经行不通。妇女即使有儿有女，也照样改嫁。当然，这时也有鄙薄再嫁的观念，东汉的《女诫》就说到"妇无二适之义"。

离婚、再嫁自由的另一面，便是男子可以自由地休妻、弃妇，这反映了封建制度下夫权在汉代已表现得很典型。先秦时期"七出"、"三不去"的诫条本是汉人编的礼书所记载，自然成了汉代直接传承的衣钵，许多不平等的出妻事件在汉代屡见迭出。西汉人王吉就因为妻子怜惜他苦读艰辛，摘了邻居树上的枣子给他吃，犯了"盗窃"一禁，以怨报德，把妻子休了。后来还是好邻居深责王吉的迂腐，把枣树砍了，批评他休妻不当，他才把妻子接回。东汉鲍永孝顺后母，本是好事，可是仅因为他妻子在后母面前叱狗，便坚决与妻子离了婚。还有一个姜诗，也是事母至孝，母亲爱喝江水，由妻子每次跑六七里远路去汲水，只因为一次途遇大风，未及时赶回给母亲解渴，便无情地把妻子遗弃了。这可以说是犯了"不事公婆"一禁。《孔雀东南飞》的恶婆婆硬逼着儿、媳离异，就因她不喜欢媳妇，便可栽上同样的这条罪名。

此外还有因无子而友人帮着弃旧迎新的；也有因政治前途而忍心与妻子离婚的，如著名的班超；更有追求利禄、喜新厌旧，想做乘龙快婿而出妻的，如黄允。这些都使悲惨的命运降落到妇女头上。

有一种迷信婚姻，就是"冥婚"，也开始在这个历史阶段出现。《周礼》讲到禁止"嫁殇"，而先秦时尚无此类实例。冥婚一般是男女定婚，未及成婚而死，两家仍然为之举行嫁娶仪式，意谓在阴间做夫妻。也有本非婚姻对象，而是未成婚的异性同时或先后死亡，两家亦谋求合婚合葬。曹操和魏明帝都寻求和举行过这类冥婚。北魏也有此类风俗。后来有人详细描述冥婚的具体仪式，全仿生人嫁娶。虽然父母怜惜死亡儿女之心可以理解，然而此俗纯属迷信怪诞，毫无意义。

 ## 从忌日之哀到生日之贺

庆贺中老年生日的礼俗，南北朝时开始见于记载。在这之前，秦、汉继承战国时代的"上寿"，风气很盛。每逢战事胜利、宫殿落成、创行朝仪以及其他喜事而举行宴庆活动，都有群臣举杯"上寿"的礼节。但是这些都不能算作祝寿礼俗，因为不是在某人生日时进行的。即使《晋书·乐志》有"我有寿礼，式宴百僚"的话，也不是指祝寿。

本来，中国古代尊老、祈寿的观念产生很早，"上寿"也含有祝贺健康长寿的意义，容易发展为生日祝寿，可是却遇到一个"忌日"的障碍。人由父母所生，身体发肤受之父母，故在自己生日那天必须悼念。于是人子的生日叫做"明忌"，父母的亡日叫做"暗忌"，每到这一天必须致哀，哪有可能庆贺？所以从东汉到南北朝都可见到一些守礼的人，在这种"忌日"里，或三日不食，或三旬不听乐，有的皇帝还举行道场法会追悼先人。

不过，庆贺生日的礼俗，还是自发地流行起来。据《颜氏家训·风操》说，当时江南人家，双亲都健在时，在生日这天设酒食欢庆。这当然是祝贺生日的礼俗的开始。不过，如果有人在父母死后也这样庆贺生日，便受到谴责，被说成是没有教养的人。试想人到中年以后，父母也往往亡故，便没有庆贺生日的可能了，因此这一礼俗起初受到很大的限制。

8 鸠杖的故事

养老礼，在西汉未见记载，却有优老礼的施行。汉高祖曾制"鸠杖"赏赐老人。相传在楚汉战争中，一次刘邦战败，逃到草木丛中躲避，时有鸠鸟在上面鸣叫，赶来的追兵看到这种情景，以为这里不会有人来到，就停止了搜索，刘邦从而得以逃身。所以刘邦即位后，尊重鸠鸟，就在手杖头上雕饰一鸠鸟形状，以赐老人。当然，早在《周礼》中就有"献鸠以养国老"的记载，郑玄说鸠可以养老"助生气"。只有献鸠，没有说鸠杖。东汉人注疏时，才说到"鸠杖"，这当是从汉初的鸠杖而来。后世养老礼仪便多半赐鸠杖。

到东汉又恢复了养老礼，从此历代相沿。朝廷、郡国在每年春、秋，以学校为场所举行。明帝永平二年（59 年）三月，皇帝亲率群臣养三老、五更于辟雍（大学）。此时的仪节全依周礼而有所发展。礼中除天子要袒衣割牲肉、拿酱进献和献酒之外，还要用安车（缓行可安坐的小车）迎老，天子要在门口迎接，引导升阶、揖让。又派三公陈设几案，九卿为老者正履（鞋）；还设祝鲠（同梗）、祝噎二官，专门解决老人饮食时发生梗噎的问题。这时定三老（为三公爵位的）、五更（为卿大夫之老者，知五行更替之事）各一人，服一定的冠服，前者还有玉杖扶持，有时就赐鸠杖了。礼后次日，老者进朝谢恩。

其中许多具体做法，先秦时期都很少有记载。东汉还有诏书规定：皇帝亲执安车引绳，侯王设酱，公卿备置珍馐，还采用高规格的乐舞，赐老、更侯爵和终身俸禄。同时赐给全国的三老每人酒、肉。凡此，都表明东汉的养老礼十分隆重。在郡县也要结合乡饮酒礼举行养老礼。不过到东汉末年，除少数地方外，多半不举行，或者简率从事，这当和时处皇朝末日有关。

魏晋南北朝陆续行养老礼，有的重定仪节。曹魏时，养老礼曾以王祥为三老，郑小同为五更，还行"乞言"仪节。北魏孝文帝时举行一次，也颇为隆重，行于明堂，三老、五更之外还有国老、庶老，仪节完备。三老享上公禄，五更享九卿禄。北齐重定养老礼仪，增用羽仪、虎贲。北周所行养老礼，仪式沿北魏之制。

此时期实行优老礼，比较切实、有效，胜于养老礼。汉高祖二年（前205年）就规定50岁以上的德行高者为乡三老，又从中选出县三老，在每年十月赐予酒肉。文帝时赐县道中80岁以上老人每月1石米、20斤肉、5斗酒，90岁以上加赐1匹帛、3斤絮（棉）。武帝以后，并给老者以禄秩、免税役、减刑罪的优待，并一直施行到东汉后期。

南朝宋，北朝魏、齐施行优老礼，都见于记载，方式也是赏赐生活资料，赐爵级，免徭役，皇帝巡行时，更增加赏赐。

9 高坟·蒿里·万僧斋

高坟大冢、《蒿里》挽歌的流行、大设佛事道坊的"万僧斋"等事象，可作为历史上丧葬礼俗在这一时期第一次繁化的某种概括。

两汉时代，以东汉恢复古礼为最著。汉人重孝，皇帝庙号要冠以"孝"字，选士有"孝廉"一科，《列女传》也以孝行为主，人们推崇《孝经》，其中有《丧亲章》。这些都是社会重视丧礼、实行传统的丧葬礼俗，并且进一步踵事增华的深厚背景。

汉代丧葬仪节，从初终到安葬，基本上依照《士丧礼》，但开始有变化。这里介绍它的变异、繁化方面。

入敛的衣衾，富贵之家用锦衣、珠襦（音 rú，短衣袄）、玉衣，以金缕（线）联缀；受吊时，丧家开始用酒肉、音乐招待宾客；出殡有路祭仪式并日见隆重，以宾客众多为荣；显贵者国家派羽林孤儿（皇宫禁卫兵的一种）挽车，随葬品用珠玉珍宝，还特制金钱称"瘗（音 yì）钱"，用陶制的房屋、车马、婢仆和玩物及日用器具，取代从前的"涂车刍灵"即草木束扎的简朴随葬品。

棺椁讲究宽大。天子的棺长 1 丈 3 尺，高、宽各 4 尺，百官次之。王、侯和重臣更有梓宫便房、黄肠题凑即用珍贵木材制作的棺、椁、头龛，外围用树筒密排紧裹，十分坚固。

葬期已不按照先秦时期的等级制度，长短不一，从数日到二三百日者都有。葬日有忌日之说，葬地有风水信仰。

坟墓崇尚高坟大冢。秦始皇陵已开其端，汉代的帝陵有高达 15 丈的，霍去病的坟冢拟像祁连山。规定列侯的坟高 4 丈，依次按官品递减，实际上往往都超出限制。

魏晋南北朝时战乱不断，人们仍然重视和讲究丧葬礼制，如北魏孝文帝锐意汉化，坚持三年丧是很典型的举措。

这个历史时期，社会丧葬仪节一般如《颜氏家训》的记述：初终招魂、浴尸，以平常衣服入敛，设铭旌，用松木棺材，随葬衣帽、日用品，以辁车载送，立碑志，朔望祭和祥、禫等丧期祭祀；亲友吊丧，招待酒醴，采用斋供和盂兰盆会。这大体是在先秦以来的基本礼数之上增加了酒食和佛事。又说到居丧要布衣蔬饭，朔望哀悼，年节、冬至孝子要拜"在生之亲"；哭丧的情状，有地区的差别；江南凡遇重丧，亲友必须在3日内到丧家吊唁，否则便可绝交，路远不能前往，必以书信相告，或在冬至、新年补行吊礼；居丧期间，凡在伏、腊、分、至的节日，都要哀悼，坚守"忌日不乐"。凡此，大致反映了当时社会丧葬礼俗的概貌。

此期间发展和增加的丧葬礼俗事象有：

（1）使用音乐鼓吹。这在汉代已经开始，曹魏时使用卤簿（仪仗）和鼓吹，南朝基本上沿袭。西晋和北朝或禁或行，议论分歧，施以权宜之法，叫做"鼓从而不吹，乐悬而不作"。

（2）挽歌正式流行。周代挽歌处于创始阶段，汉初，田横的门徒曾用挽歌哀悼田横。后来用这种歌词编为《薤（音 xiè）露》和《蒿里》两章，武帝时乐师李延年为之制曲，前一章用于王公大人，后一章用于一般士庶。所谓"蒿里"就是野葬之地，后世把它作为死亡去阴间的代称。汉代送葬，用羽林孤儿的"巴俞擢歌"者 60 人。下至魏晋继续发展，东晋的一次皇后丧礼，选出公卿至六品官的子弟组成 60 人的"挽郎"队伍。还有专作挽歌者，陶潜自作《拟挽歌辞》，写得凄怆而旷达。梁朝设有挽歌的乐部。北齐的卢思道最善写挽歌，因而得到"八美卢郎"的雅称。

（3）纸钱送丧。先秦时代祀神用圭璧币帛，汉代铸铜钱送葬，六朝时始用纸钱，如南朝齐东昏侯就曾剪纸为钱形。

（4）凶门、柏历。这是最初的丧事牌坊，也兴起于南朝。凶门源于军事，军将在危急中，凿"凶门"出战，表示誓死的决心。东晋成帝时开始在杜皇后的山陵采用，仿古代"重"的形制，用白绢扎成，而悬做门形，置之门外，以示有丧。"柏历"兴起于南朝宋文帝时，北齐也曾沿用。柏历是用柏树枝扎成的东西，据说"历"同"鬲"字，鬲就是悬在"重"下盛粥祭亡灵的器物。经过扎制，就扩大为装饰宫门、廊阁，演变成丧事牌坊了。

（5）佛事道场。把佛事引入丧事，是南北朝时期最显著的事象。据说早在东汉明帝时就将佛家"百日"用于丧期，但没有落实而且是孤例。南北朝则广为流行，南朝梁武帝以设佛事道场出名，他所举行的"盂兰盆会"（即解倒悬之意，见目莲救母故事），便和丧葬佛事互相推衍，广泛传播。北魏灵太后之父胡国珍信佛，死前遗令：从初终到"七七"（49 天）都要设"千僧斋"，"百日"要设"万僧斋"。北齐也流行这种风俗。所谓做"七"是佛经说法：灵魂 7 日转生，或最迟到七七（第 7 个 7 日）必然转生。所以佛门诵经念咒都以 7 日为限。

（6）回煞。这也是与佛道相关的迷信，亦开始流行于南北朝。人们以为人死后有某种邪气"煞"，在按日干推算的某个时日会回到丧家，为害于某些生辰日干的人。因此，到时丧家及其邻人都用各种方式逃避。

（7）阴阳风水。这是讲究葬地风水好坏会影响丧家后代兴衰的迷信习俗。汉代就出现了相葬地法的"堪舆"书，后来又传有晋代郭璞的《葬经》。传说东晋陶侃，因其先人葬于"牛眠地"，所以就做了朝中高官；同时的周访因他父亲葬在较好的山冈，就仅次于陶侃而官至刺史。此后，阴阳风水的迷信就一直流传下来。

（8）墓祭。先秦时代就已存在，但普遍流行则是从秦汉开始，朝廷定为制度，在民间逐渐成为常俗。今日考古发现始皇陵已有祭陵的文字遗迹；西汉时规定，每月的望、晦和一年的 24 节气及伏、腊皇陵都要上饭，陵上设专人掌管祭祀事宜。东汉照样，明帝还把即位的朝仪挪到光武的原陵上举行，此后每年正月为上陵日。从此以后，臣民百姓都以祭墓为常俗了，有的到时还召集族人，邀来亲友，以酒食相飨。

10 短丧·裸葬·举义丧

这个历史阶段，丧服、居丧制度和实行情况有不少变化，而薄葬和义丧义葬则是这一时期突出的良风美俗。

丧服与居丧。西汉文帝提出"短丧"，凡三年丧服改为未葬服斩衰，既葬便服大功 15 日、小功 14 日，还加上"纤服"（古代除丧服时戴的一种丧冠）7 日，合之为葬后 36 日即除丧服。这是对古制的一次重大变革，原因和文帝的节俭、崇尚黄老思想有关。由于与古制的差距过大，当时也许一度实行，但毕竟难以贯彻下去，所以不仅后世，即使西汉实行中也是或从或违，趋势是渐渐回复终丧三年。到哀帝时便明文规定，博士"予宁三年"，"予宁"就是归家居丧，实际是三年丧的一种提法。王莽复古，三年丧自然在其中。到东汉重视名教，要求普遍行三年丧制，桓帝时进而提倡"遵国典"，不服三年者就少见了。

三国魏武帝又提倡短丧，他临终时下诏："葬毕便除（除服）"，死后一月即下葬。晋朝沿袭，也是既葬除丧。晋武帝和大臣王祥、郑冲等都想恢复古制，但未能实现。后来，武帝自己居丧也不过是坚持服深衣加素冠、减损膳食规格而已。他的短丧遗令，只是说"天下尚未安定，未得遵古"，是权宜之计。而西晋杜预作为经学家，考证古代未曾实行三年丧制，这影响就大了。故而东晋一些皇帝居丧虽很投入、刻苦乃至过度，丧期却只 7 个月（当由古制天子七月而葬，又按既葬除服的新制而来）。由此，南北朝的皇室中，也有实行三年丧的，也有不行而作一些权宜变动的。

一般官民居丧沿用旧制者多，东汉一代比较突出，而下及魏晋南朝，这类严格守制的记载也不少。他们倚庐守孝，按照先秦礼制寝苫枕块，食粥。有的甚至数日不食，有的过哀而死，有的徒跣（音 xiǎn，光着脚）、披发，有的亲自负土起冢。有的还成倍数地延长丧期，有的 70 岁为 101 岁的亡母服丧不懈。像东汉韦彪，父母死，都守丧 3 年，足不出庐寝，待到丧期满后，已经是骨瘦如柴，积哀成疾，治疗了好几年方能起床。这时经学家杜林（还有他弟弟杜成）、蔡邕等人，都以尽孝、尽丧而著名。

这些严守古制、尽心笃孝的事迹，在丧乱频繁的时代，也算是难能可贵，对社会风气总算起点淳化的作用。

但是，其中一些过礼逾制，以致妨害身体的做法，并非一般人所能做到，也违背了"礼缘人情"的原理，就是"愚孝"了。有的为了追寻骨肉之亲，采取了所谓"滴血验骨"的奇异做法，著名的如东晋的孙法宗、梁豫章王萧综等。

这时期的"夺情"、"起复"，既有朝廷"以义断恩"，强抑人情；也有一些官员坚持礼制而守丧。朝廷固然也诏令听官民终丧，如汉宣帝的"地节诏令"美名长扬；但是不少皇帝仍随意"夺情"，有的朝臣抗疏"不起"而得到宽容乃至嘉奖，也有的被强制起用赴职，或经周折而能终丧。三国时吴国著名县令孟宗丧母，便坚持奔丧。服丧后，亲自戴着刑具来到武昌，听从刑罚。由于陆逊向吴帝陈述他索行甚善，孙权方给他减罪一等。由这段孝行，人们就推衍出"哭竹生笋"的孝母故事。西晋时，大鸿胪郑默母丧既葬之后，朝廷要他复职视事，但他多次陈诉守丧之志，不听"起复"。结果武帝只好允许他终丧，并由此确定大臣都可终三年丧。还有国子监祭酒顾和以及梁朝的司徒任昉都是这样坚持服完父、母丧的。任昉还在上书中趁机抨击当时一些人听便"起复"以保住禄位、不惜"亏教废礼"的丑恶现象。这是几个具代表性的事例，其他的还有，可见这时一些士族比较守礼自励。

当然，另一方面，居丧不尽礼，甚至不服亲丧，匿丧求官，或伪装居丧以沽名钓誉之徒，也不乏其人。这类人为人所不齿，或受到讥讽，或受到惩处，有的被贬官、流徙。像东汉谄媚梁冀、出卖好友而得到郡守职位的甄邵，遇母丧隐匿不报，草草埋葬。后来被李膺痛打一顿，在背上大书"谄贵卖友，贪官埋母"8个大字，又上表揭发，结果甄邵被禁锢终身，不得再从事求官等活动。这是很典型的一例。

至于魏晋南朝一些清谈之士，蔑视名教，旷达放任，不守丧纪，则是另一种情况。

薄葬。这个时期薄葬风继先秦以来而大有发展。这也是针对当时王侯贵族厚葬陋俗而发生的，是丧葬礼俗中吹过的一股清风。这时，有许多提倡薄葬理论并身体力行的人物，开始形成一种思想体系。从西汉以裸葬著名的王杨孙直至北齐的颜之推，一大批人士都是著名的薄葬提倡者和实行者。

除裸葬者无葬具、葬品之外，薄葬一般是：深圹、单棺，随葬平日随身衣服和爱用的一二器物或书籍，稍行祭奠，只求速葬速朽。

在理论著述方面，有西汉刘向的《论起昌陵疏》，东汉王符的《潜夫论》、赵咨的《遗书》，晋皇甫谧的《笃终论》，梁刘歆的《革终论》等。这些人士并非老庄或玄学派，却能彻悟性命之道，超脱生死界限，论述人生的自然道理。在他们看来，人死亡了，尸骸变成朽物，化为泥土，厚葬根本没有任何作用，棺椁反而"隔真"，违反自然。他们深刻揭露社会浮华奢侈的弊端，认为把养生的财富用来供奉死丧，既劳民伤财，又引起掘墓的恶果，就好像埋金于路边，还揭出标志，招致他人来夺取，遭受抛尸露形之祸。

这都是至理名言，皆因他们有学有识，能超凡脱俗。而那些主张、热衷厚葬的人物，都是高官富豪，固然多是不学无术之徒，然而并非完全不懂得这些道理，而且后来者也会知晓这些薄葬理论，为什么厚葬还一再重演而不衰歇呢？问题恐怕不完全在于他们以为厚葬有其必要性，而在于厚葬的可能性。中国封建专制权力之大、可供压榨的民众之多，使统治者认为有权力就要行使，有财富就要挥霍、炫耀。所以说厚葬出于"乱政薄化"（薄的教化），而仁人智士则是"德弥厚者葬弥薄，智愈深者葬愈微"。

义丧义葬。此风俗主要从东汉兴起，是这个历史时期的一个优良风尚。它既是丧葬的礼俗之一，也是社会重视节义之举。所谓义丧义葬，就是没有亲缘关系的人，为死者临丧举哀、料理丧事乃至服丧守墓。一种是基于师徒、僚友的关系；一种是政治上冒死为冤死者临吊持丧，表现为壮烈的行动。

最初，有西汉浃孔义葬主父偃。西汉末年扬雄死后，有侯邑为他起坟茔，服丧三年。东汉此类事日见增多，如经学学者夏侯胜之丧，曾经师事他的皇太后为之素服五日。这时期比较突出的，多半是一些著名经学家之丧，其师、友、门生为之赴丧、治丧、守墓等等，这些都是尊师重道风气的产物。还有一些人资助僚友丧葬并主丧、守服，也有不少感人事迹。

更值得称道的是：东汉李固、杜乔被梁冀杀害、暴尸，又禁止人们去临吊、殡葬，而他们的门人、故吏郭亮、董班、杨匡等，分别冒死赴吊，或为之襚敛，送枢归葬。他们身负刑具，诣阙上书，仗义陈辞，要求收敛死者骸骨归葬，终于使最高统治者改变禁令，并"嘉其义烈"。这实际上是一场成功的政治斗争，其意义更在义丧义葬之上。再如胡腾为窦武、桓典为王吉、王允为刘琐、赵戬为王允的义丧义葬，都具有这种性质。直到南朝，还不时出现类似的事例。

掩骼埋胔。比起先秦时期，这个时期就有些具体事例了。东汉桓帝在建和三年（149 年）下了一道诏令：自认失政，灾患连年，京师地区"死者相枕"，决定予以收葬，每具尸骸给 3000 钱，丧主 3 匹布。对无亲属的死者，给官地埋葬，写上姓名，设礼祭奠。这要算是汉朝政治走下坡路时一则重要的诏令，也可说是"仁政"的一次闪光吧！

三国时会稽人夏方，家遭时疫，父母伯叔及族人陆续死亡达 13 起，他从 14 岁起，不断地负土作冢，坚持了 17 年，一一安葬完毕。他的行为既是孝义，也具有掩骼埋胔的性质。

11 赤帝五方帝 不再立"尸"祭

秦汉的祭祀礼俗，比之先秦时代有不少变化。

首先是所祭的神祇有继承，有变异。秦人僻处西土，以西方少昊为最高神，立西畤（音 zhì，祭天之所），祀白帝，逐渐建立四畤。还祭一些地方神灵，如称做"陈宝"的陈仓石，这是由一种怪诞的神话而来；又有所谓"八神"。这类比较原始的祭祀不少，达到百余祠庙。西汉兴起，因刘邦发迹而流传赤帝子斩白帝子（蛇）的神话，就在秦四畤之上立赤帝而成五畤，也就是凑成五方色——中央黄、东青、西白、南赤、北黑之帝，称五方帝，简称"五帝"。从此在天帝之下有五方帝，这也是一个变化。刘邦代表赤帝，汉为五行的火德，故后来又称"炎汉"。汉和秦一样都迷信战国以来燕齐地区方士的神话，向往海上仙山，追求成仙不老，从而使神灵大量增加，大兴祥瑞、感应之说，大搞封禅、占星、望气活动，多建神祠、神殿。到哀帝时，祭祀的神灵多到"一岁三万七千祠"。这和周制有很大的不同。

东汉从光武帝年间起，基本恢复了周代的祭祀制度，就是前一章列举的天神、地祇和祖先神三大类，以及各类中的主要神灵及其祭名、祭法。安帝时又做了一些具体的规定，如社、稷一年祭三次，正月祀先农，仲春祭高禖，三月入学礼中要祭周公、孔子。宗庙祭祀，根据当时经学家对东周以来祭礼的议论，确定三年一祫，即合祭历代祖先；五年一禘，即祭始祖所出自的帝王。这些都是大祭，古称"殷祭"。除周代四时祭祖神外，又沿袭西汉增加晦、望、24节气、伏、腊等时祭，并定上陵的墓祭。

可以说东汉对周代以来的祭祀制度，做了一次整合，基本上确立了此后长期的封建社会的祭祀框架。魏晋南北朝大致没有什么变更，只是一些神位有兴有废，一些具体仪节有所改动。

不过民间的祭祀礼俗，毕竟不能那么规范。像祭祀随时兴起的神灵叫做"淫祀"，不可能禁止；而且地异俗殊，新的"淫祀"还陆续涌现。因此这里说到的只是正规的制度。

祭礼的最大变化是不再依周制立"尸"。这样一来，人与神完全隔开，只向偶像神主致祭，从而引起仪式的一系列变化：首先是祭者与受祭者之间不再行酢、酬的方式，也不再区分裸献（酒）与馈食的节次。其次是妇女（宗妇、诸妇）不参与祭礼。今以东汉史志所载宗庙大祭（祫）仪节，简介如下：

祫祭3年举行一次。高祖神位南向，高后神位在其右（当为面东），均设帷帐、几案。祭牲为太牢（牛羊豕），高祖、高后神主各享一半。以下子孙诸帝分左昭（面西）、右穆（面东），按次序排列，各毁庙之神皆合食，即四代以上已迁出的祖神这时都来受祭，亦设左、右位。行礼时，主祭者皇帝由掌礼官太常引导入门、上堂、盥洗，进前拜谒，赞者代致享词，皇帝上酒，退行至昭、穆诸帝位依次上酒。赞者代高祖神赐寿（相当周代的致吉语），皇帝起，再拜，即席。这时以太牢的左半赐皇帝（相当周代的"赐胙饮福"）。最后，群臣拜贺，皇帝因而赐胙（音zuò），即赐予祭神的牲肉（实际是前面受于神而转赐）。

这套仪式和《仪礼》所记相比还是有一些变化。

到南朝，《宋书·礼志一》载"殷祭"（即禘、祫大祭）的仪节，可以看出又有些恢复古制：有祭前的斋戒，祭日的洗爵，初献，太祝跪读祝文，太尉亚献，光禄勋三（终）献，都合于古制。但有奏乐，而没有宗妇和"宾"参与，由大臣进行亚献、终献，又不合古制。梁朝有人议论祭礼的一些仪节，也有恢复古制的意向，但完全恢复已不可能了。

相见论风操　乡饮初衰微

东汉到南北朝这个阶段，统治阶层的贽见礼还是承继周代的制度。汉、魏的"执贽"，王侯用玉、璧，公卿以下按当时爵秩分执羔、执雁、执雉的等级。晋以下基本如此。

南朝梁王有一次聘问北周，见、迎之礼相当隆重。北周设"九傧"款待，先后遣公、孤、卿致饩（给肉肴）、执贽，酒馔丰盛；梁王送束帛、乘马，亦用"九介"，并用仪卫迎接。先后有三次受贽和还贽的礼仪。

这一时期，在社会上的相见礼俗中，人们还很重视风操，有所谓"门不停宾"的要求。汉、晋以来，有些人家注意谦恭迎宾，门生、僮仆都讲究周旋揖让的仪节，善于应对，颜色肃敬，当时被称为优秀的士大夫之家。一般来说，相见礼南北有异：南方人在宾客到来时，出门迎接，见面只拱手，不作揖，送客下了桌席就算礼毕；北方人迎送宾客，在门前要作揖。深交的朋友，双方都要教儿子拜伏，互相尊称父辈为"丈人"。总的来说，当时士人阶层都注重礼让，讲究风操，相见崇尚恭敬，不作怠慢失礼的举止。

当时还有一套称谓礼俗。汉代以来注意名字的忌讳，交谈时注意避讳，人家的名与事物的词相同时，便应使用同义而不同音的字说出。自称祖、父辈为家公或家祖和家父、家母，称他人的祖、父或其父辈，要冠以"尊"字，称他人父辈以下的人则冠以"贤"字。凡称尊长时，要冠以行辈、姓氏、爵位（相当于周代的称字）。称外祖父母，不能省去"外"字；可是河北地区称外祖父母为家公、家母，江南乡野间也如此（今日有的地方亦然）。

古代相见礼中"退贽"的仪节，大致已不施行。

这个时期的乡饮酒礼，见于记载的有：西汉成帝鸿嘉二年（前19年）三月，博士们举行过一次，恰遇有雉飞集于府、殿，以为祥瑞，便下诏举贤。

东汉初年，伏湛为大司徒，他是经学家伏胜的九世孙，由他修定礼制。他认为礼乐是政教之首，奏请举行乡饮酒礼，但实施的并不多。明帝时，每年三月和孟冬十月，郡国、县道都在学校举行乡饮酒礼，并在其中创立用太牢祭孔之制。大概到汉末还有些地方不时举行，如中土大郡的汝南地方，还行旧俗，在十月举行"飨会"，人们置办牛酒到郡府饮宴，这说的就是乡饮酒礼。

西晋武帝泰始六年（270 年）十二月在辟雍举行乡饮酒礼，还赐给太常绢百匹，并赐给太常丞、博士、学生们牛酒。从武帝下诏所说的话，可以看到此礼已处于废弛状态。后在咸宁三年（277 年）和惠帝元康九年（299 年）的冬日都举行过乡饮礼。南北朝则罕见有关记录。

三 繁化与整合——隋唐五代时期

隋、唐是我国历史进入第三次大统一的时代，比起秦汉王朝，版图有了扩大，社会经济进一步发展，文化繁荣而较开放。在唐朝，前代的士族制度依然存在，但由于科举取士制度的创设，情形有所改变，从而使文化呈现一种兼容并包的恢宏气象。这样，魏晋南北朝期间，由于民族间的交流、佛道的掺入而造成的礼俗的繁化，在唐代可以说是做了一次整合。同时，它继续拓展了新的民族、地区间的文化交流，新的礼俗事象又陆续涌现，不断丰富，从而使礼俗史进入了一个新的阶段。唐末五代封建政权的割据、交替和社会变乱，使礼俗又经历了一个不太长的凋敝时期。

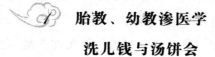

1 胎教、幼教渗医学
洗儿钱与汤饼会

隋唐时期，祈子礼俗继续增加祈求的对象，如唐传奇《李娃传》就反映了当时民间出现向竹林求子的习俗。这时"九子母"的故事流传很广，又受佛教影响，开始正式称"鬼子母"而且塑像祭祀。

胎教方面，较前一阶段进步的就是引进了医学，比较有科学性。一些医学著作谈到：妊娠3个月叫做"始胎"，属乎心主脉所养，这时血不流行，开始生长形象，变化不定，受外界的感应很大。所以要想胎儿正常化育，就要口谈正言、身行正事。同时继续提出性禁忌的问题。

孙思邈的《千金方》还论述了婴儿骨骼成长和感觉发展的各个阶段，提出幼教的宽严结合的原则，比颜之推又精进一步。他从医学生理、心理学上说明：10岁以下的孩子，不能加重课读的负担，不要加以体罚，免得孩子心理惊惧紧张，导致癫痫疾病。同时，又不能让他太散漫，使其意志放荡；既不能称赞他聪明，也不能反过来鄙视、贬损他。到了11岁以后，对孩子的教育便应该逐渐严格。他认为这是养子的"大经"，不依此法，哪一方面出现偏差，就等于父母"杀子"。

生子贺礼，唐代已正式操办，皇室率先注重。龙朔三年（663年），唐高宗有了儿子，满月之日大赦天下，赐酺3日。安乐公主生男，作满月，中宗、韦后都到她的宅第祝贺。这时兴起赏赐"洗儿钱"的礼俗，玄宗赐贵妃"洗儿钱"的事，是很闻名的。到五代，南唐中主李璟则赐"洗儿果"，近臣谢表得到洗儿果时，说谦恭的话——他没有功而受此重赐，引起嬉笑，重演东晋殷羡的笑话。这时称贺儿宴客为"汤饼会"、

"汤饼宴"（汤饼，相当今日面条）。刘禹锡赠人诗云："尔生始悬弧，我作座上宾，引箸举汤饼，祝词天麒麟。"

 ## 帝范·诗教·诫子书

唐代社会训诫子弟的家教习俗，比以前更加流行。唐太宗写过《帝范》，教太子怎样学会修养品德，治理国家。他平时也注意言教，著名的"水能载舟，亦能覆舟"的话，就是他遇事对儿子李治（高宗）进行教诲时说的。一些诗人注意用"诗教"。大诗人杜甫就多次写诗教小儿子宗武，要他学习文学，继承诗学传统，不要羡慕贵族生活；要像孔子那样从早立志，做高才生，升堂入室。韩愈也写了教导儿子韩昶的诗，要他遵从规矩，勤奋苦学，不要让脑子空空如也。指出：人出生时彼此都一般，成人后之所以有智愚贤庸的区别，就在于学和不学。故他又有"业精于勤荒于嬉"的名言。

值得提出的还有晚唐的柳玭，他是柳公权的侄孙，写了一篇诫子弟书，着重说明子弟成才绝不可依靠门第，全凭自己的品德和学问。如果一味指望他人重视、任用，达不到目的就说不遇时，那就像农民草率耕种，没有收成而只埋怨天地不给恩泽一样。要谨言慎行，求学不求名利，做官不逞私欲，做到"洁己省事"。他指出人有五大坏毛病：一是只求安逸又不甘淡泊，见到有利于己的事便不顾一切；二是不学无术，又妒忌

有学问的人；三是只喜欢说自己好话的人；四是怠惰
成性，嗜好游乐，以饮酒为高雅；五是急于当官，从
而亲近权贵。说这五种弊病比毒瘤还危险。这要算有
价值的家教一例，所以当时柳氏以"家法"闻名。

冠礼复古制　昌允讨没趣

　　隋朝承用北齐冠礼的仪节。唐代《开元礼》记亲
王、皇太子冠礼（称为"元服"），仪节详细，基本依
《仪礼·士冠礼》。亲王三加为缁布冠、远游冠、进贤
冠；皇太子三加为缁布冠、远游冠和冕。亲王加冠最后
有对祝辞的答辞。太子冠礼用乐和羽仪，礼后有"会宾
赞"、"会群臣"的仪节。两者均在加冠时见诸亲，而在
礼毕进朝拜皇帝、皇后。但仍然不专立"拜母"一节。

　　从北朝开始，兴起一种"上礼"的习俗，开元年
间，宋璟上奏停用。所谓"上礼"，就是朝廷百官为皇
室人加冠而送钱、献酒食，皇帝又厚予答赐。在唐初
很流行，被认为是"姑息施恩，方便求利"的陋俗。
再有，就是唐太宗革除"筮日"的阴阳说迷信。贞观
五年（631年），皇太子行冠礼，阴阳家以为二月时令
吉利，太宗认为这会妨碍春作农事，竟改在十月举行。

　　这时期，民间乃至士大夫阶层中，冠礼已见废弛，
记载极少。中唐以后，有孙昌允为儿子举行了冠礼。
可是当他引导儿子去见郑叔则的时候，郑氏竟不知道
是怎么回事，使孙昌允落个没趣。

　　女子的笄礼，史志都没有记载。

姓氏录与禁婚家

公主再嫁风气奢

隋唐时代的婚制和婚姻观念，承袭和包罗汉魏以来的各种习俗。

唐代皇帝诏撰《氏族志》，仍延续士族门阀制度，只是对旧的高门大族互为婚娶和士大夫喜攀高门、多输财礼的行为有所遏制，并重新排列等第，以当时的地位身份为准。后来烧了《氏族志》，新编《姓氏录》。那是由于李义府觉得自己无家族名望，求婚困难；许敬宗又以为《氏族志》没列武后的家世。这批新贵需要显扬家声，就有诏令规定"七姓十家"的大族不得互为婚姻，并限定财礼数额。但是皇室带头与当世勋贵名臣结亲，只是不再重视山东的旧族，而大臣们还是照样与他们通婚。李义府又上奏禁止，称之为"衰宗落谱"，成了"禁婚家"，事实上还是禁而不止。这说明高等门第婚还有其社会基础。

这种婚姻，自然造成互婚集团，即"重亲"、中表婚长期存在。当时也有人指出：表亲近于同姓。虽然唐代有些类似问题已经纳入法律，可是《唐律》上并没有禁止表亲婚的条文。

收继与烝、报婚，在隋、唐又有所见。隋皇室杨勇婬幸父亲杨坚的媵妾，杨广烝于其父妃宣华、容华二夫人。唐高宗娶太宗之妃武氏（即后来的武则天），玄宗的贵妃杨玉环本是其儿媳（寿王瑁之妻）。这时，公主在驸马死后，可以转嫁其夫之弟。看起来这都像是宫闱秽乱，实际上还是一种婚制和婚姻观念的反映。此风到五代更盛，这样的例子不少，当时契丹族以收继婚为常事。

隋炀帝沿袭前代旧制，广纳后宫，超过王莽。他把后宫妃嫔分为7级，并将古代的120人增至124人。唐皇室虽然没有沿袭此制，却有"宫妓"作弥补。宫妓是专为皇帝设置的，如玄宗在欢宴时，便叫妃子率领百余宫妓表演"风流阵"，嬉乐调笑。另有教坊所属的"官妓"，则为高官贵族所设。

此时期再嫁再娶之风照样流行，女子再嫁仍有自由。最显著的是唐皇室公主，据统计，唐代公主123人当中，有26人再嫁，内有4人改嫁两次。到宣宗时，诏禁生子的公主寡后再嫁，往后公主再嫁的情形不详。

唐末至五代，因社会变乱，再嫁再娶一度盛行，在统治集团中很普遍。如后晋高祖纳弟媳冯氏，既是再嫁，也相当于收继。后周郭威先后娶4个妃妾，都是再嫁之妇。其后世宗也由郭威帮他娶一寡妇符氏。当时一般官僚，也有不少人娶寡妇。

当然，正统的封建伦理观念，对妇女再嫁仍持否定态度。隋文帝先后规定：五品以上官员的妻妾不得再嫁；九品官员的妻子不得再嫁。在民间，改嫁虽有自由，但为时人所讥。如临川有个秀才叫杨志坚，他的妻子不惯于家庭的清贫生活，要求离婚。经过官司审理，在当地任内史的颜真卿还是判决离婚；同时褒奖杨志坚的儒风可嘉，贬斥其妻"污辱乡间，伤风败俗"。

拜堂·打毰·兴婚会
泰山·月老·射雀屏

隋唐婚礼依然实行古代的"六礼"，隋史志所载北齐婚仪和隋朝的皇帝婚礼，都可见到施行《士昏礼》的仪节。

唐朝的《开元礼》载亲王纳妃、公主下嫁以及一品官以下至士庶所行的婚礼，都遵循《士昏礼》的程式，只是在正礼后增加了"婚会"和"妇人婚会"的仪节。这实际是喜酒的正式记载，与当时婚礼尚奢华、喜庆有关。

至于仪式细节，仍在继续繁化。

"盖头"，在以前用扇掩面的习俗之上，唐代新增了"蔽膝覆面"、"盖头"等等名目，不外是将新妇的遮盖装饰增多，"盖头"便从此相沿成俗。

撒帐，继汉代的撒同心花果之后，唐中宗时铸撒帐钱，重六铢，上面铸"长命富贵"的文字，每 10 枚系为一彩条，作为撒帐之用。

坐鞍，在唐代已很普遍，士大夫家都采用。五代流行方式又有变化，即出嫁时女儿坐在新婿的马鞍上，父母帮她"合髻"。

催妆，前一章说过，起初是娶亲的人伕呼唤催促新娘早点起程。到唐代则演变为一种文雅的仪式，从当时文人的催妆诗作中可以看出。如陆畅的诗句："云安公主贵，出嫁王侯家……借问妆成否，东方欲晓霞。"卢储的诗句:"今日幸为秦晋会,早教鸾凤下妆楼。"后来在请期之时,男家接着送新衣、脂粉到女家,表示按时迎娶,敦促女子妆扮出嫁,也称催妆。

拜堂,起始于唐人的记载。据《封氏闻见记》所述,唐时从上层到民间都施行。据考证,拜堂是妇见舅姑之礼中增加的新仪式。所以当时有"待晓堂前拜舅姑"的诗句。以后宋代拜堂又有创新,从此拜天地、父母总称做"拜堂"。当时,又有"观花烛"的礼俗,其具体仪节不详,有人认为就是"拜花烛"。若此,则后人是把它和拜堂合为一事了。

牵巾,在唐代继续行用。宰相张嘉贞第三女,因用牵红丝的方式,被郭元振选中,后来夫妇和谐富贵。杜牧有,"绛烛犹封系臂纱"诗,还是由西晋故事而来。

月老,唐代初期有个"月下老人赤绳系足"的传奇故事:杜陵人李固,在月下偶遇一位老人,这老人指点说:有一个3岁的女孩将来会做他的妻子;还说其囊中的红绳已经系在双方的脚上,就算姻缘已定。当时李固不信,中间经过一些神奇的曲折,到14年之后,李固任职所在的长官以一女嫁给他,女子正好17岁,印证了月下的老人的话。可见,此时"天作之合"的观念很浓厚。称媒人为"月老",就是源于这个故事。

合髻,就是"结发"。它用于婚礼,前述坐鞍之俗时已经提到。在女子举行笄礼时将童髻梳作成年人的发式——髻,就是合髻;又因合髻时即可许嫁,而用此指最初的婚配,所以说"结发为夫妇"。合髻亦称

"上头"，五代花蕊夫人的《宫词》有："年初十五最风流，新赐云鬟使上头。"这时就合并为婚礼中的一个仪节，这也与此时不再单独举行女子笄礼有关。

打壻，就是前章说过的打婿，又称"下婿"，即刁难新郎。在新婚至女家迎娶时，女家妇女宾客以打婿为乐，也像闹房一样，有时将人打伤，戏谑过甚。同时又有"列坐观婿"的风俗。据说润州刺史韦诜嫁女给其参军裴宽，成婚时，集族观看新婿，人们评头品足。裴宽个儿瘦长，喜穿绿袍，就被加上"碧鹳雀"的绰号。

闹房，唐代照样风行，有时便重演汉代闹房致人死伤的故事。《酉阳杂俎》举了一个法律上的案例，即是闹房人把新郎关进密封的木柜，将其活活闷死。不过，这种过激的行为会受到法律制裁。

障车，即人们在迎娶途中拦截喜车，索取酒食。兴起于南北朝，到唐代转盛，以致有官员上疏主张禁断。疏中说的情况已很严重，社会流行广泛，每次参与的人很多，拥塞道路，拦阻的时间长久，而且"邀致财物，动逾万计"。所以朝廷采纳这个奏疏，下令禁止。

婚礼中还有一些迷信习俗，如：迎新妇时要用 3 升粟填臼，1 张席子盖井口，3 斤麻（布）塞窗户，3 支箭放在门上，以为可以避邪。又有：当新妇进门时，舅姑以下的人等都要从旁门出去，又从大门进来，以踩新妇的足迹，也是为了祛邪。还有阴阳术数之说：腊（十二）月娶妇和逢子、卯、午、酉的年份娶妇，都会使姑或姑舅不能与新妇相见（意即死亡）。

冥婚在唐五代仍流行。中宗的太子李重润死后，便聘裴粹的亡女行冥婚、合葬。同时，萧至忠为亡女与韦庶人的亡弟举行冥婚。代宗以兴信公主的亡女与建宁王李倓行冥婚，并且追封为皇帝、皇后，因为李倓死于非命，这里有一种悔过赔罪的心愿。五代世风日下，天曹地狱之说泛滥，竟有一个男子与女神像行冥婚的奇异故事流传。

唐代出现的一些有关婚事的名称，为后世普遍采用不止。如：

（1）泰山、岳父。女婿称呼妻父，古代只称外舅。开元十四年（726年），玄宗上泰山封禅，丞相张说任封禅使，顺便带上他的女婿郑镒同往。依照礼制，封禅礼成之后，丞相以下的官员都晋升一级。郑镒原是九品官，这时却一跃而为五品。玄宗在宴席间注意到这一变化（官品不同，官服有别），便问郑镒升官的情形。郑镒一时无可对答，这时皇帝侍从黄幡绰上前代为回答说："此泰山之力也！"这是一个暗喻，因为这次升官是由于泰山封禅，实际上是张说偏私，使自己的女婿一下升了4级，所以"泰山之力"实质是张说之力。张说既是郑镒的妻父，从此便把妻父称做"泰山"。泰山古称岱岳，又演变为"岳父"、"岳丈"。如今泰山上有丈人峰，有可能也由这个故事推衍出来。

（2）雀屏中选。或称"雀屏中目"，是有关选婿的故事。窦毅认为女儿才貌很好，不能随便许配人家，要选择贤夫。便在门间屏风上画两个孔雀，一些王孙公子来求婚，就给他两支箭射孔雀画，约定射中孔雀眼睛者就把女儿许配他。前前后后有几十人都没有射中，李渊（后来的唐高祖）后到，拿起箭射了两发，各射中孔雀一目。于是窦女就嫁与他，就是后来的窦皇后。

把婚姻问题纳入法律，是唐代的一个特点。因婚事涉讼，先秦时期已经存在，称为"阴讼"，《诗经》记载了"鼠牙雀角"的争端，但当时是以礼代法。汉代有"绝婚"一类的争端，后来有《户婚律》，南北朝时期逐步定下条目。只有《唐律》纳入有关婚事的法律条文最多。又有"报婚书"的创设，赋予订婚以法律效力，规定双方不得无故反悔。唐律坚持同姓不婚，同姓互婚者各判徒刑 2 年；对宗亲内的再娶，规定得详细而严厉，分别亲疏等级，定罪从杖 100，徒刑1 年、3 年到以奸论、绞杀为止。对于官娶民女、闹房伤害人命、婚事奢侈、丧中嫁娶等等，都有判罪的律条。这样，便把历来停留在口头议论中的问题，严格地载入法律条文，加以制裁，可以说是婚姻制度史上一个新发展。

6 柏梁诗与千秋节
礼拟元会授版职

生日贺礼，到唐代冲破父母死亡"忌日"的禁令，正式兴盛起来。

在唐初，李世民还叨念着说：今日是我的生日，本可喜乐，但一想到亲情，反而感伤，还流下了眼泪。时隔不久，中宗便经常在生日宴请贵戚、侍臣于内廷了，并且和学士们联句，作"柏梁体"诗。开元十七年（729 年），丞相张说上奏玄宗，请将皇帝生日八月初五称做"千秋节"，并休假一日。千秋节就是把诞辰当做节日来庆贺。百官在这一天进献"承露囊"，皇帝在御楼张设宴乐，全都城的人都可任意前来观瞻，全国的士人庶民普遍欢庆。生日贺礼从此就大操大办了。

"千秋节"后来又改为"天长节"。肃宗九月初三诞辰日，又称做"地平天成节"，增加了歌功颂德的含义。往下，代宗、德宗、顺宗等，虽然未别置节日名称，可是生日都有纪念活动，或放假，或接受进献。这样，以前"忌日"的那种哀戚悲怆的气氛，一扫而光了。

传统的祭祀老人星、寿星的礼俗，也是促成祝寿礼产生的因素，唐代还创置寿星祠、坛，祭祀老人星等。

皇室祝寿成风，民间自当广泛流行。

养老礼，隋朝史志载有北齐的仪节，实行情况不详。唐朝则依古制而隆重有加。老者有四，在三公、三师中选出年高德劭者一人为三老，次一人为五更，五品以上者一人为国老，六品或以下者一人为庶老，都是致仕（退休）之人。由此可以看到这 4 种老者的等级区分。

据《开元礼》载，养老礼的仪式详备，规格高而繁缛，用朝会之仪：赞礼，供酒馔的人都是皇室的高官，设"宫悬"之乐，即四面悬着乐器，为周代王室方能使用的，并撰有不同仪节的 3 种乐章；皇帝具銮驾亲临并礼拜，亲进老者的酒馔，只是未有载祖而割牲和舞蹈的节目；又有"乞言"礼，并设惇（音 dūn）史作记录。时间在仲秋，地点在太学。礼中，只有三老 1 人上堂，其他 3 人都在堂下，筵席丰盛，提前 3 天就开始筹办陈设；礼后次日三老诣阙表谢。

这时的优老礼，新增了一种给老人授"版职"的仪节，就是把赐予的爵位、官衔书写在版牍上，作为荣誉证书，所以当时有"版授刺史"、"版授县令"或"版授郡君"等名称。皇帝给老人赐粟、帛，赐宴，亲到百岁老人之家存问，都依前代礼制行事。

7　丧葬定级　丧服加重
李白葬友　刘昌埋酱

丧葬礼俗经过魏晋以来的繁化，到唐代，既总其成，也尽力恢复古制。

丧葬制度的等级化倾向，是隋唐王朝的特点。隋开皇初，制定"丧纪"，自王公以下至士庶都分出等差。官员入敛，按品级使用服装，对丧车及其纹饰，送葬的人数，殡柩使用的引绳对数，墓上石碑的式样、高度，都按等级作了规定。还明确提出凶服不进公门；齐衰以上的丧服虽有"夺情"而一般听其终丧；期丧未到练祭时，大功丧未到安葬时，都不得进行庆贺及参与宴乐的活动；居五服之丧，受册命及赴职，可照常使用仪卫，但鼓乐从而不作。凡遇有军事，则可例外。

唐代又规定禁止各级品官包括庶民用金玉珠宝置棺随葬，随葬的明器也规定了不同品级使用的数量。

这一次等级化，为以后各朝代所沿用，几乎成为定制，并且愈来愈具体缜密。

唐《开元礼》记载的丧礼仪注，从初终直到祔庙，60余个节次，基本上都依《士丧礼》的程序和名目。这是在经历七八百年的政权更替和社会变乱、民族流动与融合后，越秦汉而上，全面沿用周代的礼制，它从一个侧面反映了中国封建社会制度及观念的稳定性、延续性。

居丧一般都坚持三年丧要居倚庐，寝苫枕块，衰服节食，不嫁娶，不宴乐。唐高祖武德二年（619年）诏令三年丧如周制。此后，开元、天宝至宣宗大中年间，均有奏、诏，听终三年丧。五代时也议论过丧中不得参与考试和仕进。唐高宗时，衡山公主在"公除"（因公除服）后将下嫁长孙氏，于志宁依古制进行谏阻，高宗便诏令公主待到终丧再成婚。于此亦可见，当时实行旧制的基本状况。

唐代对大臣亦有丧中"夺情"、"起复"，而居丧者也有坚持终丧而"夺情不起"，或不获允许，或经过周折而如愿者。张九龄丁母丧，乃自韶州（今广东）入京朝见，请求终丧，但未得朝廷允准。于志宁丁丧，太宗遣人至其宅第教谕，被迫就职；但他继而又以书上奏，坚辞"起复"，要求终丧。皇太子承乾乃暗中派遣刺客二人，潜入于氏宅中，但见他寝处苫庐，于是不忍加害，遂得终丧。萧颖士居母丧，李林甫要在丧中拔用他，萧氏穿着丧服去拜见，李氏大为不满，把他斥出。萧氏则大怒，著《伐樱桃赋》一篇讥讽李林甫。晚唐，昭宗时宰相韦贻范服母丧只过几月，就接受"起复"，皇帝要韩渥起草制书，韩氏认为此事非礼，坚决拒绝说："腕可断，麻不可草也！"最后只好别请他人。麻，是起稿的一种粗纸。

这一派守礼居丧的人物，发展到极端，也有"滴血验骨"的奇行。如初唐的王少玄，不过他真的得到父亲骸骨归葬，只是遍体创伤，经过几年方才治愈。

唐代的丧服制度有一个较大的变化——加重服级。贞观十四年（640年）魏征等新定：对曾祖父母由齐衰3月增为5月，对嫡子妇由大功增为期丧，对众子妇由小功增至大功，对叔嫂由无服增为小功，对弟妻、夫兄亦然，舅甥之间亦由缌麻增为小功。到高宗上元元年（674年）再定：父在，为母亦齐衰3年，但时行时废，至开元二十年（732年）才确定下来。开元、天宝年间又继续增重一些亲戚间的丧服，并且为再嫁母亦终丧三年。丧服的加重，除了武氏旨在提高妇女地位之外，都是为了力矫社会长期忽视丧服的倾向，而且《仪礼》所定也不是一成不变。

义丧义葬在唐代也有不少感人事迹，这与一个朝代兴盛时期风俗比较淳厚有关。初期，杜审言和崔融、李峤、苏味道号称"文章四友"。崔融之丧，杜氏为他服缌麻。贞观末年罗道琮因罪被流放岭南，同伴在途中病死，罗氏把他埋在道旁。一年多之后赦还，罗氏又从原处把遗骸从水潦中捞起，装载回来安葬。大诗人李白曾与蜀中友人吴指南同游楚地，吴氏死于洞庭湖边，李白把他当做天伦之亲，为之服丧，恸哭不已乃至泣血。在炎热的夏天守尸，"猛虎临前，亦坚守不动"。将其权且先葬湖畔，告别而去金陵；几年后李白回来，亲手清洗遗骸，又背负着徒步奔波，备尝艰辛，到鄂城为之营葬。韩愈为诗人孟郊丧葬济助和操持，召友会葬。后来有王义方为友人张亮的兄子张皎送殡还乡（原武）；而员余庆、何彦先同时为所师事的王义方安葬修墓，守丧 3 年；郭仲翔为死在外地的恩友吴保安之丧衰绖，徒跣，背着遗体送到吴氏故土魏州（今河北大名）归葬，并庐墓 3 年。

更有壮烈的事迹，如王方翼的朋友赵持满因犯罪暴尸，他出头为赵殓殡安葬，并且声言这是像西汉栾布哭临彭越、周代掩骼埋胔的仁义之举，如果"绝友之义，蔽主之仁，何以事君？"后来得到高宗的嘉奖。此外，还有李纲义葬周齐王（李）宪，殷亮义葬来瑱，都是在被刑死者的故吏门客四散的情形下，挺身而出为之营葬。

这时期掩骼埋胔一类的善行，可举二例：唐太宗时，杨三安妻李氏的舅姑及夫先后亡故。她劳动数年，为之营葬。同时连夫家的叔侄兄弟一共七丧，都一一妥善料理。这事得到天子的赞扬赏赐，并加以抚恤。德宗时，刘昌曾到平凉劫盟事件的发生地，收集阵亡将士尸骨掩埋，并报告朝廷。皇帝于是下诏，命制衣几百套，让刘昌给予装敛；又具备棺木，把阵亡将士安葬在浅水源（今陕西长武）边，建造两个大冢，大将冢曰旌义冢，军士冢曰怀忠冢；撰写志铭，举行祭奠。这要算军事上颇有规模的一次掩骼埋胔的善举。

 8　丧家收泪观路祭
　　　　皇帝命撰阴阳书

　　唐代承平时期较长，丧事的奢华和佛道迷信事象也在继续发展。

　　丧用鼓乐，隋朝定为"鼓乐从而不作"，到唐中宗时，便特诏允许后妃、公主、命妇、宫官的葬日，给予鼓吹。后来，时行时禁，大致是居丧严禁，送葬有时可用。穆宗时，李德裕奏禁厚葬奢侈之习，便禁止用乐，并遣官纠察。《唐律》中规定：居父母丧作乐为"十恶不赦"，定出科罚条款。《开元礼》既有"父有服，子不与于乐"，又有出灵车设置先纛（旗帜），"鼓吹振作而行"等仪节。实际上，丧葬用乐已渐渐开禁了。

　　挽歌仍继续流行，还正式确定：辒辌（音 wēn liáng）车（一种高级的丧车）用 6 绋（音 fú，大绳）牵引，挽士用虎贲千人，挽郎 200 人，用《挽歌》2 部，每部 64 人，都穿戴白衣白帽，并有掌管挽歌行列的官员。其下各级也有不同等差的规定。有时，皇帝、大臣也撰写挽歌为皇室的丧事送葬。

当时的随葬明器，虽有等级数量规定，实际上制作花样繁多，有用木料制成的各色事物，也有魌（音qī）头、方相氏等鬼神面具，难以整饬。纸钱用于丧葬，因李淳风、王屿等积极提倡、制作，后普遍采用，还推广到其他祭礼中。

唐代盛行出丧时的路祭，是厚葬的一个侧面。在玄宗时代，送葬都要当着街路设祭，大张帷幕，帷幕由数尺、一丈见方做到八九丈；制作高大的祭盘，上供扎就的花果、粉人等物，还有床具多达三四百张，其上镂花绘画；牲牢酒馔也多得摆不进祭盘，只好放在外面。到代宗大历年间（766～779年），发展到登峰造极。以几名节度使为例：太原节度使辛云京之丧，大官来祭者达70多套帐幕，丧车很久才能走完；在高大的祭盘上面表演木偶戏，路祭之后，停车表演鸿门宴等故事，不仅观者如潮，连丧家也收住哭泣，伫立观看，孝子还说："祭盘大好，赏马两匹。"滑州节度使令狐氏母丧，邻境都来致祭。还有昭仪节度使来帮着在淇门、卫河取下大船的桅杆作帐幕的柱子。后来昭仪节度使薛公之丧，在绛、忻诸州设祭，每半里路设一祭，长达20多里，连绵相接，当时计算，大者费钱千贯，小者也三四百贯。人们说开天辟地以来也没有见过！面对这种铺张，社会上自然互相攀比，竞为新奇。

厚葬之风愈煽愈炽，以高官富豪为甚。如李义府为了改葬祖父，在永康陵侧营建坟墓，大肆征集今陕西三原、高陵等 7 县的人伕从事，三原县令也因参与而劳累致死。一些王公贵戚、高官大吏前来赠助，大排仪卫，自灞桥至三原 70 里的路程上络绎不绝。这种送葬的排场，路祭的浩大，实是空前。这既是因为这个炙手可热的人物利用权势炫耀财富，趋炎附势之徒乘机讨好，推波助澜造成的，也有当时社会丧事奢侈之风的背景。

另一方面，广大平民百姓只能薄葬。唐代提倡薄葬的人士辈出，并均能身体力行，像魏征、封伦、孙思邈、王绩等。

此外，墓祭在唐五代已经成为常俗，社会上都在寒食、清明时节进行。唐代诗人有许多描写人们上墓祭扫情景的诗句。朝廷明文规定民间和官员都可在此节期进行墓祭，只是禁止宴乐。还定出仪节：皇室在朔、望上食，年节、冬至与寒食祭陵。《开元礼》定为：三月上旬祭墓，有陈馔、三献、祭后土、绕封树内外 3 周、剪除荆棘等节，此为社会一般行用。五代后唐又称寒食上墓为"破散"。

阴阳风水的迷信习俗，唐代也一直流行。唐太宗以为堪舆书有很多讹伪，就叫吕才等新撰《阴阳书》，并诏令颁行。皇帝如此，人们便都追求好地埋葬；仇人则破坏茔地，如宦官鱼朝恩掘毁郭子仪的祖坟，而结果适得其反，郭家一门兴旺，数世仕宦，成了阴阳风水说的反证。五代后晋王建的祖墓地势、景观都好，占者说"后出公侯"，他就亲自营建自己的坟墓（生圹），免得下辈变动。

回煞之说，有吕才撰写的《百已历》，讲丧煞损害法，讲如何避煞而推算干支日期。《酉阳杂俎》里也有专篇记载类似的避煞之术。

唐代流行丧葬的"七七"、斋醮佛事，并未稍减，因为统治者也信佛。太平公主、武三思等度人造寺，抄经铸像，设斋施佛。皇帝也在宫内设道场，蓄养僧侣成群，宪宗迎佛骨和僖宗送佛骨，引起许多信徒奉佛礼拜，贵族和文人有的将庄园、宅第捐为佛寺。身为名相的姚崇，也遗令后人："须顺俗情，从初七到终七，任设七僧斋。"到唐末五代，冥司、下界的鬼话流行，如五代有个刘皞梦见鬼引他到床底的鬼冢下去游观，并预言他将要到冥司任"齐王判官"，后来还曾应验云云。在丧葬的道场中便有"破地狱"之类的节目。

批驳佛事迷信，韩愈的"辟佛"是著名的。其同道李翱有《去佛斋说》，指出相信"七七"僧斋，是"舍圣人之道"，后患无穷。庐州刺史李丹寄其妹的书信指出：地狱既然为小人、恶人所设，而人们却为自己的亲人礼佛祈祷免下地狱，那不是等于承认自己的亲人有罪、是小人吗？这一斥佛言论真是鞭辟入里。五代凋敝之世，也不乏有识之士坚持不信佛道，石昂、马元等人都以经籍所记的原则居丧，不搞佛事道场。

 祀神复周制 孔庙立爵位

祭祀制度，包括神位与各项祭名、仪式，自东汉恢复周制，历经魏晋南北朝基本相承而稍有更革。唐代上承东汉，对天神、地祇、宗庙、社稷的祭祀，全面遵循周制。

值得提出的是：天子的宗庙制度，先秦有七庙、五庙二说，后世以七庙为常，只有东晋及南朝的宋、齐立六庙，空太祖之位。唐贞观九年（635年），定为七庙。中宗时曾议论兄弟继位的昭穆次序问题，权为在太庙中增添室数，有九代十一室之制，到开元年间确定为九庙，这是超逾古制的。开元年间遵行三年一袷、五年一禘的制度，到开元二十七年（739年），凡行5次禘祭、7次袷祭，可见是依古制行事。

汉以来封禅礼极少举行，隋开皇十五年（595年）因巡行兖州，遂次于泰山，为坛坎致祭，但没有登山。大业中祭过恒山。唐贞观年间，太宗不主张封禅，后经群臣劝请遂将举行，而终因遇彗星出现作罢。高宗麟德二年（665年），则到泰山封禅，礼仪全备。次年再在山下祭昊天上帝，还想遍封五岳；并在嵩山南置嵩阳县，有将到嵩山封禅的诏令而未及实行。其后，武则天天册万岁二年（696年），行"登封"之礼，大赦，改元为"万岁登封"，又改嵩阳县为登封县，改阳城县为告成县。玄宗时到泰山封禅，场面更盛大。

祀孔之礼隆盛，唐朝可谓空前。这时建立了周公庙（还有太公庙）和孔子庙，对孔子由先师升称先圣，封赠孔裔及颜回、曾参为"公"，增设七十弟子、十哲和周、汉以来22名儒师的祀位，亦分别封以公、侯、伯的爵号。这开宋明以下祀孔盛典的先声。此外，还扩大星辰、山川的祀位,封岳为"王"、名山大川为"公"。并祭祀九宫神星,设立道教神位,等等。

此外,各地"淫祀"流行,后来有狄仁杰在吴楚地区加以禁断。

《开元礼》所载的十多个祭礼仪节,与前代各朝相较,多为沿袭古制,有筮日、斋戒和陈器、省牲、视濯等一系列祭前准备,祭礼中有祼献、三献、饮福等内容;只有立尸已不可能恢复,斋戒也比古制减削了日数,宗妇也不再参与祭祀。

10 贽品定级拜礼变
贡士始叨鹿鸣宴

《开元礼》未载相见礼仪。《通典》记载贽见礼,持贽的等级,按周代的五等爵和此时的品官比较,定出各级所执的圭、璧、皮、帛、羔、雁、雉等规格。

唐代的拜礼,稍有变革。古礼男拜尚左手,女拜尚右手。居丧礼,男拜稽颡,女则俯伏,男女之拜基本相同。汉以来均如此,古诗所说"长跽故夫前",跽(音 jì)即是跪礼。唐武则天为尊重妇女,始改为女子屈膝为拜,拜礼较男子的跪拜更为简约。

乡饮酒礼,《隋书·礼仪志》规定每年一次在国子寺举行,州郡之学(包括县学)亦每年举行一次。具体施行情况不详。

唐代贞观六年(632 年)下诏,录《乡饮酒礼》

一卷，颁示肄习。每年令州、县长官亲率长幼依礼施行，时间于每次乡贡在州、县试毕之后。武则天长安二年（702年）于武举考试后举行，因仪节中有歌《诗经·鹿鸣》一事，结合武举得中，故有"鹿鸣宴"之称。后世凡考试得中都有"鹿鸣宴"的嘉赏，自当创始于此。

也许由于此时乡饮礼注重于学校贡举、兴贤举能的含义，而忽视敦睦乡党宗亲、尚齿尊长的精神，缩小了它的社会意义，所以此礼在地方上的影响愈来愈小。开元十八年（730年），宣州刺史裴耀卿上疏，指出这种废弛状况，建议要使人们理解礼中所歌乐章的"孝子养亲"等意义，要求太常官指导各州"调习雅声"，练习礼仪，准令试行，稍加奖励，以有利于改良风俗。

《开元礼》记录乡饮酒礼的仪节，是先秦以来最详备的，大概也只是在文字上恢复古制而已。它以州为单位，州刺史为主人，先召乡（借用古代名称）的致仕（退休）、有德者商议，选出宾、介、众宾；凡戒宾，陈设席位及揖让升堂，行献、酢、酬之礼，用乐4节，无算爵、乐等等，均如周制。只是不载礼后次日宾回谢一事，其他全如古制而有加（如用跪礼，增加众宾人数）。所记宾主行礼答礼、周旋往复的过程详明，《仪礼》的内容还可从中得到明确的解释。

四 约古繁今——宋元时期

这一历史时期，宋和元先后为统一王朝，辽和金（还有西夏）是局部地区政权，但历时并不短暂，与中原交往频繁。这样，民族间的礼俗交流，在中华民族历史上是第二次扩大与深入。时代进入封建社会后期，士族门阀制度已经衰微，生产领域中人身依附关系比较松弛，阶级结构有所调整。这时，社会经济、文化发展较快，市民经济及其阶层兴起；学术思想比以前开放，有所疑经革古；宋代理学的兴起、纲常伦理的哲学化，加强了封建思想对人民的束缚，但它占据主导地位却有一个过程，在礼俗上的反映大致要到明代方才显著。

由此，这一时期一方面形成了对古代礼俗逐步简约的趋势，最著者如婚姻六礼合并为三；一方面新的礼俗事象不断兴起，品物出新争巧，"利市"求财与奢侈之风旺盛起来；佛道融入礼俗，也比以往更为广泛。人们行礼的观念和方法多半不囿于古制，不拘于一格。

禖坛迎祭上帝　张仙、观音送子

宋朝皇室比较热衷祭祀高禖，仁宗一代就用隆重的祀典祭祀过 7 次。这时新定的神位逐渐提高,开始是祀青帝,以伏羲、帝喾配享,高禖为从祀,牲用太牢,又用升歌的音乐。皇后要先在别殿斋戒,祭礼依照周制,外加祭后的饮福一节。后来祈求皇嗣,又在宫中祭祀赤帝。往下神宗、哲宗、徽宗和南宋的绍兴年间都祭过高禖。神宗在有子之后祀高禖时,把上帝作为主位,以高禖配享,更加提高了祀典的规格。徽宗时,加进了简狄、姜嫄为配祀,因这两位女祖直接与高禖神有渊源,自有道理。南宋高宗还采用新定的仪式,如行三献礼之类。他前前后后定仪注,撰祝辞,议坛制,建禖坛,相当殷勤。因为他认为虽然当时国家变故,礼文难备,但祈求生子,祝祷多男,是万方的心愿,不可缺失此礼,表露了历来皇家祭祀高禖的心态。

辽和元代不见此项记载。金代在章宗朝有 3 次祭祀高禖,礼制比宋朝有加。建坛和祭天的圜丘东西相望,亦祀青帝,以伏羲、女娲配享,于坛的第二层上建简狄、姜嫄的神位,祭品增用玉、币,而祭牲只用少牢,亦行三献礼,祭后饮福等。后来生了皇子,又进行报祀,即报答神祇的意思。

地方的祈子风俗,此时期有了发展,祈子的对象除九子母外,又有玉仙圣母、张仙和观音。早在北宋,宫中就曾奉祀玉仙圣母,仁宗的曹皇后就敦促董夫人去玉仙圣母观中祈祷,据说祭后就怀了孕。

此时又单独祭祀女娲,源于女娲"抟土作人"。北宋初(968 年)曾在今山西赵城县东门外建娲皇庙,元代虽不见祀高禖，却曾经重修此庙。

宋代又有人为九子母找到丈夫，说是钱穆父。后来便塑上了九子母丈夫的形象。

相传张仙为文昌星所化，也有其他的说法，在五代起于蜀中，由花蕊夫人携其像入宫。宋代以后广为流传，张仙像均带着男孩和祀高禖的弓矢等，有的画上麒麟，都寓送子之意。

观音送子之说，南宋已有观音解救临产者痛苦并促成生男的故事。从此以二月十九日作为她的诞辰，广建观音殿堂，妇女纷纷进香，或献长明油灯，或供长幡，或以小儿皈依寄名。

祈子之俗，宋代以下更多地掺入婚礼之中。如"撒帐"撒的钱果，就有多生子的含义；坐洞房吃"子孙饽饽"，嫁妆中有"子孙桶"，衣被上绣"榴开百子"、"瓜瓞绵绵"之类的图案，"铺房"找男孩"压床"、"翻床"，新妇进门时"传袋"即"传宗接代"，等等，均寓含早生多生儿子之意。

安产图与再生仪

宋元时期除胎教之外，更重视安胎与产前的准备。宋人有一套养胎的理论和方法，其中不免有迷信成分，但亦不乏实用性。宋陈自明的《妇人良方》讲到受孕原理，以及在何种情况下"感者成男"或"成女"。又据古代的习俗，讲到孕妇佩戴什么饰物，会生男或生女。南宋有一些医疗卫生读物详列忌食物品及其食后后果。元代的《饮膳正要》也讲到孕妇宜食和忌食的食物。有的书综合前代妇产科医书，保存了不少临产习俗和方法，供一般家庭应用。其中有十二月安产图，一月递换一幅，产期将临，要按图安置产床等事。

据南宋周密的《武林旧事》记载，宋宫廷妃嫔待产时，对难产有催产药、催生符等许多医药方术，其中又详列产前所要预备的应用物品，一一明细，实用价值较高。而吴自牧的《梦粱录》讲，杭州人家孕妇产前娘家要送银盆，盛一些吉祥物，有"眠羊卧鹿"和彩蛋以及果品和婴儿的衣物等等，均是普通人家所能筹办的。

辽代的"再生仪"是反映产育情景和纪念养育之恩的礼俗。在皇太子 12 岁的本命年前冬天择日举行。从其所设道具和表演的情节看，就是重演一次生育时的情状。当皇太子多次钻过倒植的三岐木之后，手拿矢箙的老者说："生男矣。"于是进行一系列的接生、命名、祝贺、赐宴等礼仪程序。另外，后妃妊娠，将及预产期，便移居到外面毡帐房，生子，赐百官金银彩缎，叫做"撒答海"。满月后便回到内寝，把帐房赐予近臣。在宋代，也有产前选择合适的房室之俗。

这个时候，还出现了一种叫做"产翁制"的异俗。丈夫模拟妻子分娩，并代替产妇坐月子，而产妇自己却承担家务和护理工作，这个丈夫就是"产翁"。《马可·波罗行记》说到了元代的傣族存在这种产翁习俗，仡佬族、壮族亦然。这一习俗到现代，在汉族某些僻壤穷乡还间或存在。这种荒唐的行为，却有其来由，那就是原始社会由母系氏族过渡到父系氏族，妇权一落千丈，连分娩的休养权利也被剥夺了。当然这时该习俗已是局部地区存在的一种孑遗。

另外，此时生儿贺礼如三朝、满月、百日等礼俗齐全，仪节繁缛。三日洗儿礼在北宋已普遍流行，欧阳修作《洗儿歌》送给梅圣俞，苏轼也有诗云："况闻万里外，已报三日浴。"南宋，三朝给小儿"落脐"。还有七日称做"一腊"，顺次有两腊、三腊，外家和亲朋都要送猪腰肚蹄之类营养品。到满月，则举行盛大的"洗儿会"，亲朋毕集，煎香汤，下洗儿果，用彩丝绕盆为"围盆红"。尊长或亲朋先后向盆中撒金银钗，叫做"扰盆"或"添盆"。儿发要收藏起来，然后抱儿谢所有宾客。百日，叫"百晬（音 zuì）"，与"百岁"吉语谐音，也要设宴庆祝。到周岁，称做"周晬"，贺礼更盛，家里陈列锦席，焚香点烛，摆出家传珍贵物品和纸笔书籍以及各种日用工具、女工针线、儿时玩具放在小儿面前，看他先拿什么，以为佳兆，叫做"拈周试晬"。这是六朝以来发展得最完备的"抓周"、"试周"礼俗。

 家训、世范始盛行

这个时代，"家训"类著作开始盛行。它既继承了古代的幼仪、劝学的传统，又因理学兴起和经济文化发展，充实了正心、修身到齐家、治国的伦理规范以及理财的内容。

司马光的《训俭示康》，教他的儿子司马康要崇尚俭朴，力戒奢侈。他举出许多当代名贤不随流俗、俭素持家的事例，指斥追逐浮华的弊病，提出寡欲、谨身、节用才能力行直道，远离罪恶，也可以保家，否则一定是"居官必贿，居乡必盗"。说得一针见血。他还写了《家范》，指出做母亲的不担心不慈爱，最怕的是"爱而不教"的溺爱，到头来就会"慈母败子"。陆游撰《放翁家训》，着重点明：即使才思敏锐的青少年，也并非只是可喜而不用担心的，必须教他苦读和宽厚恭谨，否则最容易沾染浮薄的习气，所以要常常加以约束。他说他的这句话是后人的"药石"。

南宋朱熹的《文公家训》中，幼教内容更为繁细，就衣服冠履、言语行路、洒扫清洁、读书写文、杂细事宜五大项提出明确的要求；一直说到衣服怎样穿着（"三紧"），写字时磨墨执笔之法。他强调从小处着手，从大处着眼，五事做到了，"由是以圣贤之书，恢大此心，进德修业，入于大贤君子之域"，目的非常明确。有关品德教育，他说：处公无私仇，治家无私法，不要损人利己，不要妒贤忌能，不要逞意气、伤理害命，见不义之财勿取，但要见义而勇为。同时的袁采写有《袁氏世范》，分睦亲、处己、治家3卷，论述为人立身处世之道，十分详尽，说得也坦城实在。他说：子弟不可不孝，但父母也不可乱加憎、爱；礼仪不可看人来分轻重，做人不要怀着傲慢、诈伪和猜疑之心，要提倡忠信笃敬，不能骄傲，有过必改。由于该书语意浅显而又切要，所以被评为《颜氏家训》之亚，曾作过家塾启蒙的课本。

元代郑文融写的《郑氏规范》，则主要强调祭祀礼仪，突出孝亲之礼，并讲到男女有别。似乎反映了理学渐居主导地位的观念。

这类家训、世范中，礼教的糟粕也不可忽视。司马光就在他的《家仪》一书里，以封建伦理来规范家族礼制。其中固然也要求家长先正其身，但强调家长在分职和理财中的特权地位；并再一次照搬《礼记·内则》那一套幼仪要求儿女、媳妇等，都不足为训。

这时期也有一些单篇的文字，颇具教育意义。以清正著名的包拯写了一则家训说：后世子孙做官，有犯贪赃的不得放归本家，死了也不能葬在"大茔"之内，"不从吾志，非吾子孙"！话不多，却体现出他以刚正不阿教育后人。王安石的《伤仲永》一文，讲到一个幼禀天赋的人叫方仲永，5岁就能作诗，后来他父亲只爱而不教训，终于"泯然众人矣"！即变成了平庸的人，从反面说明家教的重要意义。

这时还出现了一些女诫读物。继唐代的《女孝经》之后，元代有《女教书》，教育女子孝顺舅姑，委曲事夫，操劳家务，直到守节，等等。多是封建糟粕一类，不足为训。

 加冠改作加巾帽　拜母专节终取消

从宋代开始，冠礼的简化主要为：古冠、弁改为巾、帽，拜母不再立专节而合并在见诸亲节中。民间多半把冠、笄礼合并于婚嫁时举行。

但皇室的冠礼，仍依古制。宋朝皇太子冠礼，史志记载过几次。还有几位皇帝亲自制定一些仪节或乐章。所行冠礼仪节大体依旧，只是没有筮日、筮宾和戒宾；皇帝亲临，有钟乐，加鸣鞭、掌扇等，有如朝仪。三加为折上巾、远游冠、衮冕，拜礼加"舞蹈"。礼毕，太子内朝皇后，再择日谒太庙等。皇子冠仪基本相同，三加为折上巾、七梁世贤冠、九旒（音 liú）冕。

宋代民间冠礼，可以《温公家仪》和《文公家礼》为代表，前者成于北宋，后者为南宋。两者比较基本无大差异，只是《家礼》稍简约，二者少数节次有先后颠倒和稍有加减。三加都是初加冠巾，再加帽，三加幞（音 pú）头；衣服均为几种不同的实录襕（音 lán）衫（上下衣相连，即士人袍服）。《家仪》依旧保留见母专节，《家礼》将见母并于见尊长节中，这是《家礼》最大的改变。此后历代民间冠礼，几乎全部沿袭下来。

冠龄为 15～20 岁，父母无期以上的丧服始可举行，有服则顺延。朱熹认为主人是冠者的祖父，次为父；若孤子冠，则自为主人。这均与前代有异。

辽、金、元史志都不载冠礼，可能由于他们的民族各有成丁礼。元代民间的汉族仍举行冠礼，如浙江桐乡《至元嘉禾志》载：男 16 岁始行冠礼，也有在婚期举行的；女子笄礼则在出嫁时举行。行礼时聚合族人，设置筵席，命"字"而不再称小名，并烹制一种大糕馈赠亲友。

《宋史·礼志》载公主冠礼，依"女子许嫁，笄而字"之制，首先将头发打髻，又有加冠的做法，称初冠、再冠、三加九翚（音 huī）四凤冠，每加也用乐，有祝辞，饮醴，进馔，命字，拜君父，见母等仪节；礼毕，皇后、妃嫔、内臣依次祝贺，均在同场进行。这些，几乎和男子冠礼相似，这是前代所未见的。

《家仪》、《家礼》亦均载笄礼，格式并同《礼志》，两书文字互有出入而节次基本相同。《家礼》载，女年十五虽未许嫁亦行笄礼，主妇为主人，姻亲为女宾，行于中堂，前三日戒宾，前一日宿（肃）宾。加笄亦有冠、醮（饮清酒）、命字、祝辞、拜诸亲等仪节，而拜母无专节，均同于冠礼。

六礼合并为三礼　起帖、肩舆与利市

宋元时期的婚姻制度和观念基本上沿袭隋唐。如门第婚姻仍旧流行，而且国家规定禁止一般人娶宗室女、雇佣者与士庶家为婚；门第以禄位、财富为标准，故婚帖要写男方三代的官名；元代也实行"选秀女"，曾一时出现过"童男女"都先行婚嫁以逃避入选的紧张情景；品官一夫多妾制，并继唐代遗风以狎妓作补充；有的少数民族则存在一妻多夫的习俗，如几兄弟共妻；收继婚仍在民间流行；中表婚、童养婚和赘婿制都照样存在，高官、文人中都有事例，赘婿还以终身和年限不同存在着 4 种形式。

值得提出的是，再娶再嫁在宋代仍是普遍现象。不仅在北宋，在理学兴起的南宋也依然如此，如范仲淹、王安石、岳飞、陆游等名人家庭中都有此例。在南宋，社会上做得极端的，丈夫一死，妻子便囊括妆奁而去，另嫁他人。据研究者统计，史载当时改嫁妇女就达 61 例，比《宋史·列女传》搜寻的贞女节妇共 43 人还多出不少。这些都表明社会仍然不以改嫁再嫁为嫌，婚姻观念还没有受到理学所说"失节事极大"的严重影响和限制。

宋代的婚礼，最大的变化是出现"并礼"。史志所载士庶人的婚礼，并问名于纳采中，并请期于纳征中，就是将"六礼"并而为四。南宋朱熹的《家礼》则将"六礼"再合并为三礼：纳采、纳币（即纳征）、亲迎。

宋初为矫正五代的弊俗，婚礼尽量恢复古制。史志记载皇室的婚礼还是"六礼"，司马光的《温公书仪》也是"六礼"，只是名称有更换，如纳采称"敲门"，纳吉称"定礼"，纳征称"纳财"，告庙、庙见的庙称"影堂"（悬挂先人遗像的家庙）。再有就是采用唐代兴起的铺房，又注重用婚书，开始用轿取代车马，称"担子"，以及沿用唐代的"婚会"宴请男女宾客等。

关于婚礼，朱熹简约而成的"三礼"，在一些具体仪节上和《书仪》所记基本相同，只是还主张新婿乘车马及"御轮三周"和婚礼第三日庙见，庙见称"拜祠堂"，祠堂即是族的宗庙。

上述记述可能大都为上层社会行用，有的恐怕只"备故事"而已。孟元老的《东京梦华录》所述汴梁地区的婚姻礼俗，吴自牧的《梦粱录》所记临安（杭州）地区的婚礼，可以分别代表北宋、南宋的实况。

北宋的主要婚仪为：起草帖、起细帖（为议婚两节，相当于纳采、问名），担"许口酒"、下财礼（为定婚两节，相当于纳吉、纳征，后世称小定、大定），报成吉日（即请期），过大礼（即亲迎）。这里还有"六礼"的梗概。可见"并礼"也难以完全规范现实。

过大礼前一日催妆、铺房。迎娶日上轿称"起担子"，下轿有"拦门"，都是服务人员索取"利市"的关节。新妇至门，有撒谷豆，踏毡席，捧镜倒行，跨鞍，走秤上过，坐虚帐，坐富贵，走送（送女方宾客），婿高坐，微门红，牵巾，拜家庙，对拜，撒帐，合髻，交杯酒，掷盏卜吉，谢诸亲等节次。次日新妇拜堂（镜台），拜尊长、亲戚。三日后有暖女（女家送蒸饼）、婿拜门（往见妇家），最后为女归宁，满月礼等。

南宋与北宋基本相同，细节有所增减或变异：如以酒礼相亲，北宋只说"相媳妇"，不言酒礼；在下财礼之前，有"追节"，即每逢节日向女家送礼；送催妆在亲迎前三日而不是前一日；迎娶时女家父母亲属同

120

到，故有合巹后新人即到中堂参谒外舅姑一节；拜家庙后便接着参谢诸亲，次序不同；无拜镜台一事。

两宋与唐代相比，其特点是财礼丰盛和铺张纷华，迎娶时排场豪华。而南宋又远超北宋，已经是花团锦簇、五光十色、笙歌悦耳、鼓乐喧腾、人众欢欣的喜庆场面了。可见这个时期社会经济、文化的发展以及人的精神面貌和价值取向都有异于前代。

这时婚礼中的一些具体仪节有一系列的变化、发展、创新。如：

（1）催妆。迎娶前一天男方送妆奁物品和礼物到女家，并且很丰盛，这和唐代以前的观念不同。

（2）铺房。备办的物件很多，男家要办好床榻、垫席、椅桌之类，女家要备送毡褥、帐幔、衾被之类，还有暂不应用之物都展示供人观览。

（3）送嫁。开始有了"送女客"，南宋并有女家父母同来，"两亲家行新亲之好"。当时岭南地方时兴哭嫁之俗，以女伴相送，采用一些词曲调子以歌当哭。这是从古代的"思相离"而来，又从此被后世沿用下去。

（4）撒谷豆。开始添进彩果，由此造成以后和撒帐混合为一事。有的地方在迎娶途中撒"护姑粉"和"焚楮（音 chǔ）钱"（即纸钱），都有避邪的用意。

（5）坐马鞍。除新妇入门跨马鞍之外，又有新婿在婚礼时坐在两椅相背放置的马鞍上，饮 3 杯酒，要待到女家派人请 3 次方才下来，这叫做"上高坐"。这也是以前没有的礼俗。

（6）坐虚帐、坐富贵。新妇进门后，坐在室中悬

121

挂的帐子内，叫做"坐虚帐"；当进房时，婿、妇分头坐在床的右、左端，称为"坐富贵"，后世便流行新人谁争先坐到床上为当家之兆。

（7）合髻。方式是在饮交杯酒时，婿、妇相互用对方很少的一点头发梳入自己发中。

（8）牵巾。将两家各出的彩缎相连，绾一同心结，新人参拜家庙和中堂拜谒时，一头由婿挂在笏上，一头搭在新妇手中，相向而行（有一人倒行），然后又反向走进洞房。

（9）合卺——交杯。北宋还用匏，称合卺，后来就一律用彩带绾住两杯，新人"互饮一盏"称"交杯酒"。饮后还要掷杯于床下，若杯一俯一仰，象征天地、阴阳的和谐，便是大吉。

（10）拜堂。北宋时新妇在成婚次日凌晨拜镜台，是为新异仪节。南宋无此一节，只拜诸亲。后来就把拜天地、祖先和父母合称为拜堂。

（11）撒帐。在酒宴、参拜之后新人回房，妇女们或礼官以金钱、彩果抛撒。南宋时兴起雅俗共赏的撒帐词，如对四方中东方的撒帐词："撒帐东，宛如神女下巫峰，簇拥仙郎来凤帐，红云揭起一重重。"往下有"撒帐西"等等，后来发展到向前、后、左、右、中撒帐，一共9首词。

（12）暖女、满月。婚礼的第三日，女家送彩缎和油蜜蒸饼前来探望女儿，称做"暖女"，相当古代的"致女"。第七日女家又招女归去，叫做"洗头"，实即"归宁"；女婿多半同行，叫做"拜门"。到一月期满，女家用更加丰盛的酒宴迎接款待女儿、女婿，称为"满月"，又叫"会郎"。后来又叫"送饭"。

另外，还有"踏毡席"。这在前代已见，而宋代有新的创造：新妇下车或轿入门，一路要踩着毡席前行，不能沾地，据说是怕触犯地神。同时前头有人捧镜相照和执烛引导，又跨马鞍和秤，寓平安之意。宋代时则用几条毡席，不断地轮番往前铺垫，有"转席"、"传代"的意思。又兴起新婿帽插"宫花"的风俗，本来叫做"戴花胜"，花胜就是一种扎制花鸟的首饰。同时要穿"公裳"，即礼服、官服，这样装束自然美观、风流，尽管起初有人议论有失丈夫的体面，但还是流传下来，可能这和中榜插宫花有渊源关系。

所有这些婚礼中的事象，有新涌现的，也有旧事翻新的，可以说宋代比以前任何一个时代礼仪都繁多，别开生面，的确反映了这个时代的特点。而且大多确定下来，流传到明、清直至近代的中国民间社会，形成基本的婚礼模式。明确这一点是很重要的。

此时婚礼中的奢华和求财风气有剧增之势，这是宋代的一大特点。前述"起细帖"一节要开列男家的家财、财礼，还有缎匹、羊酒等聘礼，催妆、铺房所列衣物，动辄销金衫裙、各种珠翠首饰。女家也要开列金银首饰、帐被衣物等项；男家各次送财礼，女家也要有相应的回礼。这些物品和质料、花色、形制、名称都有具体而确定的记载，可见已经约定俗成，不是一般的随便夸张笔墨。而且，礼物的装潢、套盖及聘书都很精美，迎亲时采用宝瓶、花烛、香球，妆奁有妆盒、照（镜）台、裙箱、衣匣百结、交椅之类；迎娶时雇用官私女乐、乘马鼓吹等等，都可见铺张招摇之盛。而富家的聘礼，还要备"三金"即金钏、金镯、帔坠。至于宋皇室子弟婚礼，一次赐女家聘礼就是白金 5000 两，公主下嫁的奁资则是白银 5 万两！

参与执事的人员要吵要"利市"，就是争着要财利。除上面说的"起担子"和"拦门"外，女家打发铺房的女客，也有"茶酒利市"；迎娶时新房门楣上横挂彩缎，下方剪出一些口子，由众人争着撕去一片一片，叫做"利市缴门红"。这些花销也不会少。所有这些奢华风气，是以前"障车"风俗的发展，而且在社会上覆盖面也扩大了。

奢侈与社会经济的发展有关，也与社会薄义重利的意识增长相连，彼此互煽，推波助澜，造成许多变相的买卖婚姻及不良后果。早在北宋，《书仪》就指斥说：现在世俗贪鄙的人，将要娶妇，先问女家嫁妆怎样；将要嫁女，先问男家财礼有多少。以至于订立契约，写明财物若干。也有的嫁娶之后反悔、赖账，好像商人贩卖奴婢一样，哪能说得上是士大夫人家的婚姻呢！还说到因为两家互相求财，女儿成了人质，亲家变成了仇家，等等。说得都很尖锐、深刻。

元朝至正八年（1348 年），礼部议定婚礼，大要为 7 节：议婚、纳采、纳币、亲迎、妇见舅姑、庙见、婿见妇之父母。正婚礼实际还是朱熹的"三礼"。

辽、金两朝，都带进他们本民族的婚姻礼俗。《辽史·礼志五》载皇帝迎娶皇后的婚仪，主要仪节亦有纳币、奉迎、妇见舅姑和庙见等等，显然是采用了汉族的礼俗。不过，本民族的风俗还浓厚地存在：（1）重族亲之义。凡定婚、亲迎、庙见（称拜先帝御容）和酒宴、送女宾等，都有男女双方的族亲到场、宴饮和互致馈赠的仪节。（2）保留历来北方民族流行的婚礼，如新妇到门要负银罂（音 yīng，瓶子）、张羔裘、捧镜、跨鞍，其间还举行百戏、角觝（音 dǐ）和戏马鞍比赛的娱乐活动。此种本民族与汉族（多半是宋礼）相结合的婚仪，是宋元以下直到清代中国境内少族民族婚礼的常见模式。认识这一点很重要，一是可见民族礼俗交流的深度，二是凡遇到类似事象可以充分理解它们的来由。

辽朝的公主下嫁仪，基本同上，亦行两族"偶饮"即相饮之礼。特异之处是：皇帝赐女的车骑饰物内，竟有一辆"送终车"，车载一头祭羊和拟制一些送终的器物。其寓意当是白头到老，一去不返。于此，我们回头看看东汉灵帝时，京师"宾婚嘉会"有作魁橦（音 lěi，丧乐）、挽歌之举，大概与此类似。

金朝见于记载的婚礼，全依本民族的习俗：纳币（征）时，男子去女家"拜门"，有亲戚陪同，要带十多车甚至上百辆车的酒馔，有以百数的金银酒瓶装酒，以乌金、银杯酌饮，送给女家每人一盆蜜糕作茶食。在女家宴饮完毕，就举行"男下女"之礼：女家大小都坐在炕上，新婿及其亲族都排列着拜于其下。接着新婿牵马百匹（少者 10 匹）陈列其前，由女家主人命识马者一一挑选，留优退劣，每选留一马便回赠婿衣服一套，以留马多为荣。亦行亲迎礼，既成婚，婿往妇家服役3年，然后携带妻子归家。这时，妇家以10户奴仆、数十群牛马相送。这当然只是富裕之家所能行的。

另有一种婚俗：贫家女儿到及笄之年，便"行歌于途"，自叙身世及妇工、妇容，以表示求偶。听者中愿娶她的就可带回家中成婚，日后备礼至女家以告父母。这明显保留着原始风俗。

民族间相互通婚多见。一般说，北方互婚较流行，西南则较少。历朝对此或允许，或禁止，变动不居，多半因政治关系的需要而定。如宋太宗时就曾禁止西北诸州的汉族同内属的"戎人"互相婚嫁。辽、金、元则提倡民族间的通婚，辽与夏还进行过和亲。辽太宗时曾诏允契丹人与汉族婚姻。元初，皇室曾娶金和西夏的宗室女，世祖时与高丽互婚为常事，当时按种族划分的4个等级之间，也准许互婚，但做了一些限制。

此外，宋代也存有一些劫掠婚等地方异俗。靖州（今湖南会同与贵州锦屏一带）的苗族，嫁娶时先有密约，男方在路上窥伺，见女方来到便强行捆缚，劫持回家。也有相争忿怒、呼号求救的，然而都是假装的。直到在男家完婚、生子，才持牛酒去拜见女家父母。女家起初也装作拒绝，待邻里相劝，方才接受。

宋代也存在冥婚。南宋康誉之写的《昨梦录》记北宋时北方的冥婚，也实行起细帖等婚仪，还梦见新妇拜舅姑，又有"鬼媒人"。当时，广东钦廉地区有备鼓乐"迎茅娘"的方式。元代还因冥婚发生悲惨的事件：郭三从军而死，其妻打算守节。但其家长却"聘"邻家的亡女与郭氏合葬，结果郭妻自缢而死。可见，这种陋俗竟然坑害生人。而康誉之描述民间的做法还有相关的各种巫术和传说。

6 圣寿节庆典空前
养老礼始见式微

宋朝发展了唐皇室的祝寿风气，普遍建立皇帝的"降诞"节。每个皇帝的生日都有专名，如太祖为"长春节"、太宗为"乾明节"……一直到南宋度宗的"乾会节"，可算是空前绝后。史志专立"圣节"一目。宋初议定在太祖生日前一月便着手在大相国寺建道场，到时为之祝寿，最早把佛事引进寿礼中；后来南宋高宗口头说"念二圣銮舆在远"（指徽、钦二帝被金国掳走）而罢上寿礼，实际上还是把佛寺祝寿的道场搬进了殿廷。真宗时制定上寿的仪注，同时又给皇太后定下诞节名称。庆祝活动日见繁盛，到徽宗时要分两场进行，一场比一场盛大，有进寿酒、祝寿辞、奏乐、舞蹈等。这是宋代登峰造极的一项礼俗，以后各朝代也大体沿袭或更奢华，但没有这么多的诞节名。

辽、金皇室亦然，大致是吸收了汉族这一风俗。史志载辽的皇帝、皇太后生辰贺礼，如同元旦朝仪，臣僚之外还有宋朝的使官上殿称贺、祝辞、进酒。皇帝为太后祝寿要降座进奉生辰礼物，仪节进一步繁缛，有7次进酒。金朝则将元旦朝贺同"圣诞上寿仪"合并举行，以皇太子进贺为主，致祝词，进寿酒，臣僚列朝班拜寿，皇帝致答词时对其行五拜礼，行酒有3盏、7盏之数。后又制定参加寿宴官员的数额和班次等级，而皇室宗亲一概参与。

这个时期民间的生日贺礼，已经完全成俗。如《温公家仪》有"上寿于家长"一节，仪式为：下辈盛服按次序站立，先再拜，由子弟中最年长的一人进酒，致祝词，俯伏，再拜。家长命坐，以酒酬答下辈，又序立饮毕，等等。仪节虽记述简约，但犹有庆寿的梗概。

宋朝养老礼，仪节上依旧继承汉、唐以来的旧制：皇帝亲临太学，遣使迎接三老、五更、国老、庶老；五更升堂，国老升堂一次即下；亦用乐章并有舞；亦行三公授几案，九卿进履（鞋）、进馔等，但不记皇帝割牲、馈酱、执爵等仪节；亦专设史臣记录三老的善言善行，等等。

不过，这时具体的实行情形，在史志和有关文献中均无更多的记载，反映养老礼处于一种虚应故事的状态。辽、金、元的史志都未记载养老礼。

优老礼仍继续实行，有时还比前代更为重视。宋太祖时，鄢陵许琼年99岁，二子亦80余岁，乃加以厚赐。真宗一次在五凤楼观酺，召父老500人列坐赐饮，给1500位老人赐衣服、茶、帛；给过了百岁的老人，下诏存问、赐帛。辽代圣宗曾厚赐霸州133岁的老人，成宗继续施行。仁宗曾广赐大都路90岁的2331人和80岁的8000人各帛2匹。

7 丧礼革古添新俗
辽元本族葬仪殊

丧葬礼俗在两宋之际变化较大，一是简约古制，二是增加新俗。

北宋所行的丧葬仪节在沿袭唐《开元礼》、保持古制的基础上，也开始出现新的变化。一是新增丧家出门的仪式，即孝子出门向曾来吊唁的亲友致谢，后来正式称"谢孝"礼。二是把卒哭提到启殡下葬之前，不再在古制三虞之后，中间自然也就取消了反哭一节。这是因为当时阴阳风水盛行使葬期无定，且多半在3个月之外，只好先行卒哭，可以任由葬期延长。三是不载明占卜葬地和葬日，也是因有阴阳风水先生各自的一套方式之故。

南宋进一步发展，如设置灵座，又新制魂帛，还保存铭旌。事实上只用魂帛，从前的设"重"就完全取消了。灵座前设香炉、酒果和燃烛，虞祭时设茅沙降神，茅沙是把茅草截成8寸长，用红线捆束，放在铺沙的盘中，在上面注酒。来吊者用"刺"（相当束笺名片）通名，赙赠使用钱帛。这些都是新起的礼俗。

丧服制度，宋朝也有所更改。内廷（皇族）行三年丧，27月终服；外廷、地方则用汉文帝的短丧，"以日易月"。社会一般依唐制，为父母均服斩衰3年，妇为舅姑同夫亦服斩衰，为出（嫁）母期丧（1年）。到南宋，朱熹《家礼》定为大功以下都不用衰服，期丧和三年丧的到卒哭时也换去衰服。古代以布缕的升数多少论丧服的轻重之制，也渐渐不行用了。

这些丧礼、丧服的简化对后世影响很大，明、清时代除明初之外都使用宋制。

辽朝有本民族的丧葬礼俗，如重祭奠、用巫师等。出葬前对柩要行3次祭奠，出丧用辒辌车，巫者祓殡即祛邪，至葬地又行5次祭奠，族亲大臣依次进行，然后焚烧遗衣、弓矢、马鞍及仪仗等物，葬后还有几次祭奠。后来受汉族影响，开始议制一些丧葬仪节和丧服，但仍保持本民族原有的习俗。

元朝皇室也实行本民族的丧葬仪节：凡帝、后到病危时，便要移居外面的毡帐房中，死后即在其中敛殡。然后每日用羊、饭祭奠2次，直至49日而止。原帐房赐予近臣。棺木用整棵香楠木刳作人体形状，大小正好容尸，用金箍捆棺。出丧由蒙古族巫婆骑"金灵马"送柩。葬后每日用羊为牲，祭奠3次，并以3名送葬官居5里外，每日祭奠一次，坚持3年。

元朝的丧服制度基本沿袭唐宋，而蒙古、色目人则不行三年丧。

宋元时期，皇朝对外廷和地方的服制采取听任的态度，而居丧坚守古礼的依然大有人在。如史传所记，这时一些士大夫还坚持为父母和出母之丧而解官行服，依古制居倚庐、食粥、寝苫枕草，因哀而致疾病，等等。

对于"夺情"、"起复",宋制对必须起用的官员,在其官衔之前冠上"起复"字样,如宋初宰相赵普丁忧时就如此,以表示他还在服丧。元朝规定:"内外官非文武全才及有金革之事者,不许夺情起复。"一般官员按例都得居丧守制。朝廷内外也提倡这种居丧尽孝的风气。北宋天禧三年(1019年),宋真宗在殿廷一次接见4300名诸路贡举,其中一个叫时稹的"冒缌赴举,为同辈所讼"。真宗闻奏后,即命御史台查劾。可见宋代穿最轻的缌麻丧服,也不准参加科举。不过后来风气变坏,尤其是南宋,理宗的宰相史崇害怕居丧丢官,就事先把两个官员在丧中"起复",为自己"起复"制造先例和舆论。

 8 佛事延后世 火葬遭遏制

宋元时期,丧葬礼俗变化较大的是佛事、阴阳风水说的流行和火葬的一度兴起。

佛事引进丧葬礼俗,在宋代最为突出,对后世的影响也最大。这时,在正式丧礼新旧兼用而以简约为趋势的背景下,佛事乘间而入。如宋朝的吉礼、祝寿也把道场斋醮设在宫廷,进而建造宫观、城隍庙和增立道教神位,制造降天书的神话,铸九鼎,一直到徽宗号称道君皇帝。元朝的佛事费用,岁增金银缯帛"太广",以致有中书省臣奏请罢黜佛事。这时民间丧葬中用佛道也十分普遍,《家礼》虽言"不作佛事",但实际上广为流行,人们把作佛事称做"资冥福"。它的名目繁多，如摆道场，就是延请佛徒礼佛念经宣道的场面；水陆大会，亦称"水陆斋"，是一种遍施饮食去救度水陆鬼众苦难的佛教法会；写经造像，即由丧家出钱财，刻写佛经，雕塑佛像。出殡用僧道发引，鼓乐，焚烧"黄白"锭楮（音 qiǎng chǔ，纸钱）等。当时世俗观念认为，只有广做佛事，死者才能免罪，亡灵方可升入天堂；否则必入地狱，受各种苦难，家属也不能安生。

阴阳风水之说此时期也愈来愈严重。据统计，"堪舆"家数宋代人数最多。由于迷信葬地风水，到处寻找、选择吉地，而造成久殡不葬的社会问题。有的停柩十几年、几十年甚至延到下一辈才安葬；有的停柩在寺院中，每年要交很多租金。所以朝廷不得不硬性规定：未葬其亲者，缙绅不得为官，士人禁止赴举。这种阴阳风水思潮形成后，连一代大儒朱熹也未能避免。他迷信风水，把亲丧的殡葬移到百里之外。后来元代的马端临就批评过朱熹的这种做法。当时也有不少驳斥阴阳风水荒谬的论著，司马光作《葬书》，谴责久久停柩不葬，违反礼制。又用他自己家人葬礼没有按照地师的说法行事，一样安宁、兴旺为例，说明风水的不足信。其他一些名流如程颐、程颢、张载、陈傅良、张九成、罗大经等，都有类似论述和著作。

这个时期的厚葬风气虽不算突出，奢靡习惯却依然存在。宋代皇陵在历史上比较起来规模偏小，都是平地建造，且不预为营建，并限定在七月而葬的期限内完成。元朝依本民族习俗的潜埋方式，进行"秘葬"，不起陵冢，自然谈不上豪华。不过，宋朝的筑陵工程依然浩大，真宗的永定陵采石 27453 段，动用民工 3 万多人，哲宗的永泰陵也所差无几。社会上的丧事奢靡主要在于采用佛道和鼓乐、宴客，并习以为常。元代，在江南地区就有这样的现象：父母死则歌舞娱尸，小敛未毕则茹荤饮酒，送殡用管弦歌舞引柩，下葬便张筵排宴。

主张薄葬的也有一批名人。北宋，官至宰辅的宋祁，在所作《笔记》中嘱咐后人在他死后实行薄葬，详列少量朴质的衣衾葬具，不许作佛事及信从阴阳禁忌，圹穴容棺即足，不要请谥，不要求人撰墓志，不要接受赠助，坟墓也要简单从事。他严格叮嘱子孙：若是违命，那才是对不起他。南宋陆游的《家诫》也有类似的主张。

实行掩骼埋胔者，著名的有宋代的贾黄中，他任州通判时，对乡里 15 起遭丧而未葬者都一一帮助安葬。经学家石介，居父母丧，躬耕于徂徕山下，陆续安葬其族中 5 世未葬者，达 70 丧之多。元代设置专官管理此事，规定凡饥荒饿死或流徙在外而暴死无亲属认收者，应向有司报告，经过查验，交给当地主事者或邻里加以收葬。

宋元时代，不仅少数民族，而且在汉族地区，实行火葬的不在少数。

历史上实行火葬的远至先秦，有义渠国，晚周和汉代有氐羌地区，已形成一种葬俗，有乘火升天、走向光明的观念。约至五代，始在汉族中流行，如后晋的两个后妃临死都遗言要求焚尸扬灰，说明火葬已不是个别现象。北宋之初就有人说：近世以来，多用火葬。到宋、元之际，火葬一度盛行于河东、浙右和福建等地。《马可·波罗行纪》记载了元代很多省区所见的火葬情况，详细描述了敦煌、杭州的火葬仪式，有繁有简。南宋和元代都在偏僻的地方设置专门的焚化场所。

这时之所以实行火葬，除受佛教影响外，还受到中国传统的乘火升天或灵魂易归故土观念的影响，也有地狭人众、无土可葬和家无资财的经济原因。

统治者将火葬视之为"夷法"和残忍，所谓"焚如之刑"，历来禁止。这时皇朝都有厉禁的诏令，同时由官府拨给公地土葬，使这一本是良俗的葬法被遏制而逐渐消失。

这个时期还有其他几种葬法，如：水葬，多半是火化后将灰烬、遗骸直接或装入容器抛入水中。悬棺葬，即将遗体或焚后的遗骸敛殡后，放到高山大洞中悬起。人们以为这样远避人兽，最为安全，把亡亲安置得愈高愈是尽孝。也有以悬棺很快坠落为吉的，更有人以悬棺葬作为对非正常死亡者的处理方法。这一葬法最早出现于南朝，武夷山地区多见，元代亦流行，逐渐遍及长江以南至川、云、贵等地区。今天为考古学、民族学研究的重要对象之一。

 三教神位大增加

茅沙降神祭山仪

北宋祭祀的神位显著增加，宋朝初年定为大祀

（古制为祭天地）30，中祀（祭宗庙）9，小祀（祭五祀等）9；诸州仅有中祀、小祀。神宗时改定，一岁所祀的神位达到93座，到南宋初年追述说是百多座。所增加的以道、佛的神灵居多，如太清宫、玄元皇帝、圣母、太上老君之类。孔庙的祀位增至104座，还大封孔门弟子和先儒，并按五等爵秩排列；又尊姜太公为昭烈武成王。祖神除太庙之外，又增设供奉塑像的景灵宫。到《政和》礼定制时，有所谓"神多殿多"的特点。

辽、金、元各有本族的祭祀，大祭主要是祭天，朝廷祀典亦用汉族制度。元朝祭天的配祀神位大量增加，凡有名的星宿几乎都有神位，竟达到600多座。

祭礼，宋代开始，一方面沿用古制而仪节繁琐，神宗元丰年间定的郊、庙祭礼的节次，都特别详备，把三献增为九献；一方面从俗，如朝践改用茅沙注酒以降神，取代萧茅灌鬯的古式，又沿用唐代的"牙盘"，还有上香烛等。这些为后世定下了祭礼模式。

《书仪》和《家礼》所载具体仪式程序基本相同：计有筮日（家礼用掷珓方法），斋戒，涤器、具馔、陈设（家礼有省牲），参神（家礼奉主、灌酒于茅沙），献酒馔初献，读词，亚献，终献，侑食，阖门，受嘏（神赐吉语）……纳神主，彻筵席、馂，等等。

《家礼》的祭祖项目有四时祭和冬至祭始祖，立春祭先祖，季冬祭祢，以及忌日祭和三月上旬的祭墓。以后民间普遍行用，有的增加中元、下元的祭祀。

值得注意的是，两书都改变了《开元礼》中妇女不参加祭礼的规矩，都有主妇荐献，众妇与祭。受胙时男女酬酢，但不再设宾客，只是在《家礼》中记有于终献时或有"亲宾"。

辽代专设祭山仪，即在木叶山祭天地。特点是设立树木为朝班，帝、后躬亲致祭奠、读祝词，用赭白马、玄羊和赤白羊的牡者为牺牲，有绕神门树、再拜、上香、升南坛致奠、向东方抛掷酒肉、奉茶果、饮福受胙诸节。另有求雨的"瑟瑟仪"，也颇隆重。祭祖有告庙、谒庙，先帝忌日祭。另外有拜日的仪式。

金代则依宋代典籍制定祭礼，郊天、庙祭都用汉族仪式。本族又有拜天仪，在重五、中元、重九举行，用一个刳作船形的木盘，高置架上作为神主所在，聚族对之礼拜，亦有上香、饮福诸节，并吸收辽代的排食抛盏和瑟瑟仪后的"射柳"，还加上击球等活动。

元代的祭礼基本采用汉族制度，而宗庙祭仪特别繁缛，如三献的每献有三上香、三进酒，还到各个神室去饮福，又加"谢亲仪"、荐新仪等。亦仿照宋朝的影堂而称神御殿。本俗又有六月二十四日的祭成吉思汗，称做"洒马奶子"。祭历代先祖则选择九月和十二月十六日进行。

10　乡居杂仪酌古通今

相见礼流传到宋代，具有封建社会后期的特色。一是品官相见仪的等级界限严格；二是士庶相见礼更加详备，除用一些古制文字外，大多是世俗化的礼节，古代的"赞见"礼就不见实行了。

品官相见仪，宋代屡有议定，大体上分两种：一是途遇之礼，低级见高级，视级别相差多少，分为引避、敛马侧立和分路而行等方式。一是公参之礼，即堂上相见、列拜，依品级高低，受参拜者有答拜与否之分。另有"趋庭"仪式，军职要具"军容趋庭"，其中又分拜于庭和拜于阶的等次。

士庶相见礼，宋代的史志不载。宋元之际陈元靓所著《事林广记》中，收有宋人吕和叔撰《乡居杂仪》，所述礼仪详备，用于岁首、冬至、月朔时的相见、谢贺、请召和平常相见等场合。凡相见，先具名刺，见长者须在门外下马、俟候，出迎则趋揖；告退时，主人送则揖，告辞时不得在近门处上马。入门，要问主人食否、有无宾客或事情，见面后要观察主人言、色是否有倦态，而后决定去留。长者来见，要具衣冠俟门迎接，辞出则送至大门外或送上马；对平辈、少辈则仪节依次减低，如迎送于中门或庭中即止。拜礼，视长、平、少辈而有四拜、再拜和揖的差别。召请长者饮食，先往请，到时再拜辱；对平辈则用书简或传语谢辱；对少辈则只传语。而赴长者、平辈等的召请，可依上述仪节类推。

聚会，都是乡里人等则序齿而坐，有爵者以爵位为序。凡特别的请召或远迎、钱行，则以专被召请者为上客，不按齿、爵序列，余人皆为众宾。均行献、酢、酬和旅酬的相应仪节；对长者则亲为盥洗食具，对众宾由赞（协助）者行之。饮酒之礼，卒饮（喝完），主人拜，上客答拜；对平辈上客，卒饮而不拜；少者为上客，则先拜主人。

途遇之礼，分别长、平、少辈，大致仿照品官途遇礼而有不同的行礼方式。

对于献赠礼品即"献遗"之礼，《杂仪》特为提出送远行、迎远归和久别相见以及岁时访问，都须有献、赠礼物的仪节，还提到有新鲜的、远地来的物品和他人所喜爱、缺乏的东西，都应该分给人家。要随感情的厚薄，斟酌而行，既忌烦渎，也避免吝啬。献赠的礼貌方式，一般依照前述相见、请召礼节，按长、平、少辈而分别有献赠和报谢，等等。

这些都对后世的交往礼节影响很大。

这时期的跪拜，已不再如古代九拜那样繁多，一般为跪、拜、揖3种。《事林广记》讲跪式是：两手相叠按于右膝，左足先跪，右足从之，再叉手架于颈下；礼毕，又用两手相叠，齐按右膝而起。还有各民族的跪拜方式，如金代女真族的拜礼，先袖手微俯身，稍退，跪左膝，左右摇肘，若舞蹈状。跪，则摇袖下拂膝、上拂左右肩，凡4次，亦即四跪，然后用手按右膝，单跪左膝，起身而成礼。后来满族的"打千"与此相似，只不过以右手握拳下伸而已。

 乡饮酒礼变古离谱

宋初乡饮酒礼沿用唐代的宗旨和仪节，主要结合贡举进行。宋代地方新设"军"这种行政建置，乡饮酒礼就在州级的"军"的贡士之月举行，以其主管为主人，在学事司（所）则以提举学事官员为主人，上舍生当贡举者和州级"军"的群老为宾和众宾，礼中结合行射礼。这样，就完全以选士即古代的"兴贤能"为主旨，淡化乃至排除了敦睦乡党、"尚齿习礼"的主要宗旨。这是很大的变化。

到南宋继续变革，北宋还定有乐章，而朱熹修定时，把古代一个主要节目奏乐、歌诗也去掉了。又行入学的"释菜"礼，即周代子弟入学时以鲜洁菜蔬敬献先师这一礼仪，进一步强化了贡举选士的意义。又一个变化是，把席位四面的正坐改为四隅之坐，即宾坐西北、主人坐东南等，都是斜面向着堂中。《事林广记》里有同样记载。这种四隅之坐在礼籍叙述中比较笼统（见本书第一章），解释不一致。这是宋人对此的一种解释，到明代又恢复正面的坐向。

辽、金、元的史志都没有记载乡饮酒礼。

五　繁化与蜕变——明清至近代

　　这个历史阶段，中国封建社会进入晚期并开始了近代历史的进程。明、清均是大一统王朝，在辽阔的版图内包含着愈来愈多的民族群体，各民族间的文化交流进一步扩大与加深。经过历史长河的积淀，古代礼俗至此已经集其大成，既高度繁化，又有所筛选、扬弃。明朝一度出现恢复古代礼制的倾向，但因封建制度的凌夷、资本主义的萌芽、市民经济文化的继续发展，古代礼俗的简约和世俗化的趋势无可逆转，简约化的"宋礼"遂渐渐成为主流。

　　近代以来，社会革命，新文化萌生，一面是少量古代礼俗废止不行，一面是几项主要礼俗变革伊始。然而，基于礼俗发展的自身特点，呈现着一种局部变化、大体依旧而缓慢蜕变的状态。社会上实行的基本上还是所谓"宋礼"的骨架加新创的繁缛事象。

 求子对象多尊神　偷鞋·拍喜·摸门钉

　　祈子的礼俗，到明清时期尤其是清代越来越多样化，真可谓五花八门。

祭祀高禖，在明朝嘉靖九年（1530 年）定过一次仪式：建立木台，皇天上帝为正位，高禖位于台下，又以先皇帝配祀，这是一个变异；帝、后同时行祭，牺牲用骍犊和苍璧，这也和从前不同；陈弓矢等如旧。嘉靖十一年（1532 年）举行过一次，据说这是最后一次高禖之祭。

宋代在山西建造的娲皇庙，明洪武三年（1370 年）用重金加以修理，每 3 年遣官致祭一次。在临汾、闻喜等处也建有娲皇庙。这些都成为求子的神庙。

这时求子的对象，除观音、金花娘娘之外，兴起了碧霞元君，还有各地方自立的多种神祇。碧霞元君的灵威风靡于黄河流域，相传她是东岳大帝之女，宋代已有此封号，其庙在明代香火旺盛，故设官收香税，且收入相当可观。清代的元君庙普及北方各地，进香者往往在庙住宿以求子。山东等地的碧霞宫，神案上摆着泥塑的男娃，人们施舍钱物之后便挑选一个回家，作为生子之兆。各地还有奶奶庙、子孙堂等。北京的东岳庙、南药王庙也都是祈子进香的尊神所在。

向观音求子最为普遍。观音庙又称娘娘庙，江西鄱阳湖口中有一孤峰耸峙，叫大孤（姑）山，俗称鞋山（远望像鞋形）。大概正因"姑"与"鞋"之故，山上娘娘庙香火特盛，人们进香后，从神案上偷鞋一只回家，为得子之兆。果然生子了，便精心做一双花鞋，伴以礼物送到庙中以偿愿。别的地方也有类似的风俗。

这样，求子的方式就兴起了"偷"与"摸"，有偷佛堂的莲灯的，有偷土地庙的供灯的，有偷天生婆婆（神名）座前的祭品红蛋的，有偷水边系船的桩的，还有中秋夜到菜园里偷瓜的。有的叫"摸秋"，摸得瓜、豆生男，摸得扁豆生女。再就是北京元宵节妇女到正阳门摸门钉（钉为人丁之意）。也有"送"的，如"麒麟送子"，在元宵节借灯会做这种表演，前面说的偷瓜也有偷了送到不育妇女之家的。

还有一种方式：求子的妇女与尼姑结拜干亲，从庵中要一泥男娃或拴块石头带回家，并起好乳名，以为就能生子。

此外，广东盛行向金花娘娘神求子，东北满族敬祭象征始祖母的"妈妈口袋"以求子。

还有一种陋俗是"拍喜"。福建闽侯和江苏泰兴，每逢元宵节，亲邻持杖寻着婚后不孕的妇女，边打边问"有喜"没有，答应"有"方才罢手。羞而不答者，则打而不止，致使有的妇女体无完肤，甚至被逼自缢。

这时，胎忌和胎教也各式各样。概括说来，就是孕妇不能目击剧烈状态的事物，不能耳闻暴烈的声音，不能接近人数众多的活动如婚丧喜事，都是避免某种异常的感应；同时也认为孕妇带有一种不祥之气，会给事物造成损害，所以孕妇不能到严肃的场地如工艺制作场所去。有的少数民族还将受孕的月份分出不同的禁忌，如二、八月怀孕的"胎魂"就在庭院，禁忌挖土和烧火或在庭院放置重物之类。

孕妇的饮食，继续严格区分为禁吃的食物和要多吃的食物。还有一些预测胎儿性别和促使生男的方法。

关于胎教，有清人陈弘谋写的《五种遗规》，其中说到：孕妇要谨慎房室，肃清视听，夜晚听诵诗，谈正经事物等。这是两千年之后回复先秦时代礼籍记述过的胎教遗规。

关于临产，也有很多特别的习俗。如对产房的选择，一些少数民族有临时搭盖棚寮于远处的，一般地区的安排，都是要避开正室，以为正室是神、祖所在之地，避免污秽沾染。这种产育不洁的观念，认为难产死亡的妇女，会坠入血污地狱，需要做道场济度超生。另外还有在房室挂弓箭，在门窗张贴老虎剪纸，为产育驱邪逐煞的；或送"卧鹿眠羊"，以为可分担孕妇的痛苦。这都是一些迷信做法。

也有一些科学的产育方法，如明代李时珍《本草纲目》有一卷介绍保护产妇、婴儿的不少方剂、偏方，如：饮一种焚烧衣物成灰而制成的水和吞大豆等以避免"脐风"，预防小儿痘疹和疮疥的方剂，选定剃胎发的合适时间（满月或第24天），给婴儿洗发、剃发时保护头皮的偏方，以及产妇坐月子保养、生活起居，吃的营养食物（鸡、鲫鱼、猪肘、桃仁、煮鸡蛋、小米粥）及药物（桃仁、红花、当归、益母草四味酽成的平安剂)，等等，大多有实用价值。

这时也照样存在忌月忌日"生子不举"的溺婴恶习。从前是以五月或八月为忌月，这时又加上七月，或忌七月初七，或以为七月初一是开鬼门关日而有鬼投胎，或以七月十五日是鬼节等，都是严重的迷信观念。

 洗三歌与圆锁礼

　　明、清时期的生儿贺礼，沿用以前主要是宋代的习俗，在各地广为流行。孩子初生，即携红蛋或鸡向外家报喜，外家亦回赠礼物、喜蛋；对其他亲友亦然。同时，视生男或生女、头胎或次胎的不同，礼数有厚薄的差异。此后，洗三、满月、百禄（百日）、周岁等，都照样有贺礼和宴客。北京城里的洗三礼相当隆重：请来收生婆以酒食款待，在桌上供"娘娘"神纸并床公、床母和点心 5 盘。由收生婆焚香烧神纸，然后制作槐条水倾入盆中，旁边摆好洗儿的物品和染红的鸡蛋、果子等。亲友们齐集堂前，把各种果子或铜元投入盆内，叫做"添盆"。接着收生婆洗儿，落脐。

　　西藏洗三礼叫做"旁色"，就是洗清污浊之意。满族洗三有洗礼歌："先洗头，做王侯；后洗腰，一辈倒比一辈高；洗腚蛋，做知县；洗腚沟，做知州。"百日，明代同样流行，也称"百岁"。清代则流行百家衣、百家锁的风俗，即聚集百家（指尽量多数）的布头连缀成衣，收受百家的礼钱打制银锁，给小儿穿戴，便能长寿。

　　周岁"抓周"的习俗，清代最为普遍流行和受到重视。仅举《红楼梦》为例，第二回写冷子兴和贾雨村谈到贾宝玉爱与姑娘们厮混时，就追溯当年"抓周"的兆头。冷氏说："周岁时，政老父试他当时志向，便将世上所有的东西，摆了无数叫他抓，谁知他一概不取，伸手只把些脂粉钗环抓来玩弄，那政老爷便不喜欢，说将来不过酒色之徒，因此不甚爱惜。"虽是小说，却是讲了当时社会现实。

圆锁礼，孩子长到 12 岁，被认为是个大周期，体魄完全，能够独立抗拒灾厄，已无需护身符的保护，于是把原来戴的百家锁解下，也要大宴宾客，亲友亦以礼物相赠。同时要到寺庙向神还愿，表示孩子长大，如愿以偿，谢神的保佑。祈求孩子健康成长的礼俗，还有向佛寺"寄名"，拜陌生人为干亲并随其姓氏，又命名为"撞名"，或向娘娘"送驾"以庆小儿痘疹康愈，或祭灶以祛除小儿疟疾，或新岁宴请亲友吃糖方为"探茶"，还有为儿童"渡关"的仪式，等等。

格言流行　女教书多

幼教方面，明清时期家训一类著作依然大有增加。据近人统计：历史上共 100 余种。元以前是宋代居多，有 16 种；元以后，明代有 28 种，清代达到 61 种。

明人朱柏庐撰写的《治家格言》流行最广，直到近现代几乎是儿童启蒙必读。该书从"黎明即起，洒扫庭除"的小事，到"善欲人见，不是真善；恶恐人知，便是大恶"的警世之理，巨细兼容。宣传戒奢崇俭，重义轻利，提倡个人操守和社会道德，都很有教化尤其是幼教的价值。加以文字简练流畅，词句对偶工整，脍炙人口，很受社会欢迎。当然其中也有封建礼教和处世哲学、劝世文之类，但不占主体。这本格言，可以说代表了这一时期幼教类书籍的新内容、新形式。明代还有庞尚鹏的《庞氏家训》、徐三重的《家则》、孙奇逢的《孝友堂家规》等，清代有张子渠的《课子随笔》、纪大奎的《敬义堂家训》等，不免秉承先秦时代礼家的那套古训，不过都从不同的角度阐述了学书成才、立身做人的教育旨趣和方法。

到晚清、近代，多用家书（信）的形式教诫子弟。有的教以读书的内容和方法，教以学习的目的是明理实用，不在于做官发财和成名，也能达到子孙有所成就的效果。有的教以做人的品质、作风，提倡保持"寒素书生"的家风，要善于选择、仿效世间好的榜样，成为"一国一乡之善士"，不可沾纨绔习气，搞少爷排场。其中不乏高官和学者，从乾隆时的郑燮（板桥）到晚清的曾国藩、左宗棠等人皆是。

这时期对女子的幼教，女箴、女诫一类的书也有增长、普及之势。明人吕坤的《闺范》辑录经籍中的女子幼教内容加以注释，论述女教、母仪人物典范。据说当时传入神宗宫廷，郑贵妃请求把她列入其"后妃门"，引起一段风波。清代有蓝鼎元的《女学》、无名氏的《女红余志》，又有《女论语》、《闺阁四书》，还有任启运编的《女教经传（史）通纂》等等。不过这类读物除了授予一些历史知识之外，在本质上是做了当时封建制度束缚妇女的帮凶，糟粕很多。

冠笄礼简约并转
成丁礼多彩多姿

这个时期的冠礼，逐渐简约乃至式微。明朝一度重视，并且一依古制。清朝的史志不载冠礼；民间仍见举行，而仪节只存梗概而已，多半和女子笄礼一样，合并在婚礼中。不过，各少数民族的成丁礼却别具一格而多姿多彩。

明洪武初年制定皇帝加元服的仪节，都按古代的程序，并拟朝贺的规格进行，以太师为加冠者即"宾"，太尉为赞冠者，只一加即加冕，穿衮服即龙袍，有百官拜贺，也有拜母（太后）一节，然后择日谒庙。又定皇太子冠礼，仪式亦依古，礼前派官员祭告天地、宗庙，皇帝亲临主持，百官参与也同朝仪，三加为折上巾、远游冠、衮冕，这是沿用宋朝的，也有拜母（皇后）、谒庙和百官称贺的仪节。后来成化年间再定三加为翼善冠、皮弁、冕 3 种，改饮醴为醮（清酒），但不载命字一节。至于皇子的冠礼，原来与皇太子相同，这时定的三加是网巾、翼善冠、衮冕，稍有变化，也不记命字。嘉靖二十四年（1545 年），太子方 10岁，拟行冠礼。但因要按照古代的冠年，即使参用所谓周王近则可以 12 岁、远则 15 岁的旧制，严嵩等也觉得为难，但又阿附旨意，请稍简化仪节行事。世宗认为行礼就当完备，不能草率从事，终于延至嘉靖二十八年（1549 年）举行。

品官冠礼，早在洪武元年（1368 年）制定，其三加为缁布冠、进贤冠、爵升，仪节从筮宾到见母、命字，直至酬宾等，基本如《士冠礼》。同时制定的庶人冠礼仪节，则用宋礼，参校采用《家仪》、《家礼》。

尽管明朝对其上层冠礼竭力恢复古制，但实际上正如《明史·礼志》所说：自品官而下，很少有能实行的，只不过"备故事"而已，真实反映了此时冠礼的状态。

此后，清代史志未载冠礼，民间冠、笄之礼，虽有施行，也只是"师其遗意"，大多是在婚嫁之时一并进行。即使有专行冠礼者，也只是男子到 16 岁时，或请宾赞，或只请宾客庆贺，或见尊长，或请人命字，或告家庙。都是些零碎简括的府县志记载，没有完备的仪式过程，更罕记拜母一节，反映了冠礼式微的情形。

许多少数民族则举行"成丁礼"，形式多样，异彩纷呈，或行"割礼"，或入"成年会所"，或改发式，或换服饰，原始的、进化的形态都有，而意义、作用与冠笄礼并无二致，有的形式还是冠笄礼的原初形态。

举行"割礼"的有哈萨克族。儿童在四五岁即择日，请毛拉诵经举行，割去势皮一周，并有亲友来贺，举行飨宴，礼后行赛门跋游戏。回族称割礼为"耐损"，仪式和上述相似。礼后当儿童稍长，便称"朵斯"，意思是男女交好，可以嫁娶了。云南还有击落男孩门牙表示成人的古俗。在台湾的卑南人中流行划分年龄等级的制度，男孩十二三岁进"少年会所"，过五六年之后升入"成年会所"。这时要举行祛邪的祭神典礼，然后又举行"换新"的祭礼，以及"慰丧舞"，普遍访问村户，最后是赛跑的竞技大会，以大会餐结束。这些活动的含义就是教育刚成年者承担社会义务和显示成年体力。这几种成丁礼，明显带有原始的遗俗。

"度戒"，见于云南金平县红头瑶。男孩十六七岁时，请来道士主持，搭起高台，从上往下翻滚（下垫藤网、棉被），一人扮作妇人手抱婴儿，即象征受戒度者从此成人，可以娶妻生子了。道士还要宣读成人应遵守的法规之类。

"上头"、"换髻"和换服饰：甘肃夏河县藏族，女孩长到十三四岁时梳发成髻，改换成年装束；贵族的男孩就按其家庭地位，改穿官服。青海互助县的土族，称为"戴天头"，也就是汉族的"上头"。女儿十五六岁，为她戴上已婚女子的头饰，指天为配偶，举行象征性却全同平常婚礼的仪式，实际是一种"无偶单婚"，以确定她成人和能结交男性的合法身份。这里的藏族亦行换头饰仪式。哈尼族更为典型，男孩 15 岁后染红牙齿，由圆顶帽换成鲜艳的包头布，结婚时又换用黑色布。女子则有 3 次换装：15 岁在裙外加围两条宽腰带，也染红牙齿，表示成为青年；17 岁由称做

"欧厚"的圆顶帽换成叫做"欧丘"的方形斗帽，并缀以银饰等，可以交男友；到18岁时，换戴叫做"欧昌"的帽子，同时整个胸前都用银牌、银泡装饰起来，表示到了结婚阶段了。有的地方，女子还以梳辫和辫子的加粗、加重来表示年龄的增长。

云南的纳西族，男孩满13周岁的时候，脱去儿童时着的长衫，改穿短上衣和长裤；女孩也去掉儿时长衫，改穿百褶裙。都象征过渡到成人，从此可以参加主要劳动和社交活动。

这几种色彩斑斓的变换发饰、头饰和服饰以显示成人的礼俗，都能揭示华夏族古代冠礼、笄礼的由来。

皇亲·媵妾·典妻

明清时期的婚制，由于历史的积淀及地区之广、民族之众，集各时代婚制之大成。

收继婚：清室先祖孟哥帖木耳之母，先嫁挥厚生了他；挥厚死，又嫁其弟包奇，生凡察等。满族还有子娶亡父继妻的烝婚之俗。哈萨克族"夫死，妇不得嫁异族，其夫之兄弟娶之"。西藏察隅地区的僜（音dèng）人，丈夫死后一月之内，妻子便如同其他财产一样，要由丈夫的同姓近亲"继承"。汉族地区"叔接嫂"的平辈收继婚照旧流行。此时的汉中地方胞弟娶寡嫂，叫做"转房"；而且约定俗成，若弟不肯，其嫂可以用"吞房灭伦"的罪状控告他。不过对这一类婚俗，明、清皇朝都有禁止的法令，特别是上下辈的收继，还要加以严厉处罚，只是有时禁止不了。

兄弟共妻、一妻多夫制：在极少数地方依然存在。明代的温州乐清县，一个近海的村子就有兄弟共娶一妻之俗，到夜在门房悬手巾为记，兄或弟有先悬者，其弟兄便不再进门。俗称其地曰"手巾罨（音 ào）"。而且，一般人多半不愿嫁女给无兄弟的人家，害怕独子不能养家。在西藏，非兄弟的几个男子可凭盟约，共有一妻。后来者称"副夫"，三人四人亦可，同列于家族。男子之间却和睦相处，竞相多持劳务以求得妇人的欢心。不过这种婚姻并不稳定，女方一旦选定一人为正式丈夫，便退去其他的人，只是要加倍偿还他们的财物。凡是生了子女的，也不再拥有多夫。这种特殊婚俗在汉族的极少数贫困地区到现代也曾有过，除一女二夫之外还有一种所谓"拉帮套"的形式，如许地山小说《春桃》就描写了这种情形。

中表婚：汉族照旧流行。西南的傈僳、水、苗、怒、布衣、土家诸民族都盛行姑舅表婚，男子娶姑母之女为当然，而且只要舅父有子，姑之女不容嫁与外人，有的允许外嫁但必须付给"舅爷钱"，这反映着舅权即母权的遗迹。有的地方则相反，以为姑之女回嫁舅家是"骨肉倒流"为不吉利，禁止通婚。

童养婚：依然流行，皇室也如此。明宣宗的孙皇后，入宫时只 10 来岁，成祖命诚孝皇后抚养，长大后遂与宣宗成婚。清代各地都行童养婚，甚者如台湾有的人家以无媳为耻，所以无子之家，不收继子而情愿养媳，并以之为荣。一般来说，这首先是为了以童养媳作为家庭的廉价劳动力；再就是让童养媳"等郎"，即等待主家生子，往往等到多少年后才有了"郎"，于是便有"十八大姐周岁郎"的畸形现象。最后，这种不称心的婚姻主要还是造成妇女的不幸。

指腹婚、襁褓婚：明初，胡广妻尚在怀孕中，经皇帝做主，腹中的孩子便许与解缙之子，后来果然生女，两家如愿。这是皇帝带头做的，民间自然流行，有的发展到两人以掷骰、蒱牌而占卜决定腹中儿女的婚事。清代吴三桂之女配与王永康，也是在襁褓中定婚的。湖北黄陂，在女儿初生时，即有媒人前来说合，要吃"押准酒"。河北、山东一带便称此为"娃娃亲"。"胎婚"，一般又称"割襟婚"、"割衫婚"等等，不一而足。

招赘婚：此时期赘婿已成常俗，清代一些名儒如洪亮吉、凌廷堪、孙星衍等人，都做过赘婿。山东邹县的赘婿，继承岳家产业，为后、养老，永不归宗，叫做"钩拐"。俗间普遍称为"上门"、"倒插门"等。

再嫁再娶：明代开始限制较严。这时理学盛行，皇朝热衷复古，强化专制政治，进一步加强婚姻的种种限制。如严禁收继、姑舅表婚以及僧道、逃亡者、两妻、先奸等乱婚；严禁任何人强迫节妇改嫁，并立下处罚条例；也禁止买纳他人的休妻。明成祖的仁孝皇后写了《内训》，阐发前代的女诫，强调妇女的贤德、贞节和孝敬。她死后，成祖即把它颁行天下。给贞女节妇旌表门闾，免除差役，赐祠祀，竖牌坊，均在明代初年就已创行。《明史·列女传》收进的人数比以前任何朝代都多。朝野强调妇女贞操，皇宫还特设"稳婆"检验所选秀女的童贞。传到清代，便有新婚"验红"的陋俗。清代还有一种"猪仔婚"，即被掠到国外做苦工的，家有聘妻，久等不归，则以公鸡代婿举行婚礼，从此不得改嫁。各地还有夫婿已死而新妇抱木主行婚礼的陋俗。云南的腾越州，已嫁的媳妇，只要有人说她有外心，她的父母亲戚便把她捆绑活埋，说有辱宗族。凡夫死不嫁者，自称鬼妻。这个时期，寡妇不嫁、闺中不字、嫁婆而实未婚媾、祈祷来世姻缘等事例，比前代多见。当然，寡妇改嫁也不可能绝迹，明代也时有记载。

明代婚制的又一特点，是皇亲国戚门第婚和媵妾制的一度盛行。明朝皇室与文武功臣联姻，政治性十分显著，用血缘关系、裙带网络来屏藩王室，超过往古。从朱元璋开始，凡太子、亲王、郡王纳妃，公主、郡主下嫁，对象都是功臣特别是武臣之家。后来经过"靖难"之役，鉴于诸藩王叛乱的教训而有所收敛、限制，但既有的皇亲国戚仍然高官厚禄，形成一个庞大的寄生阶层。宗室姻亲再联结内外亲缘，明代可说宗室婚姻之家遍天下。因为这种最高等级的门第婚，又造成惊人的婚礼奢侈之风。

选秀女之制：在明代，由于宗室婚姻有了上述的变化，转为向民间选良家女为妃，并认为这有利于佐助"人君节俭之治"，并以古代外戚之祸为鉴。但是这种措施的骚扰天下之害，一如前代。清朝稍有变化，由有司开列满族贵族和外戚一些人家适龄子女的名单，由太后指派与各类贵族亲王互婚，再发懿旨成婚，称为"指婚"，满语称之为"拴婚"。这与选秀女只有范围、形式上的差异。慈禧太后就是这样选入宫廷的。

媵妾制：明朝继唐代而恢复室制，对宗室婚姻，定为亲王可纳妾10名，郡王4名，品官各级也有相应的数额。清朝到同治年间规定媵婢制：亲王8名，郡王6名。本来陪嫁的"媵"制早已不行，但《唐律疏议》仍规定五品官以上有"媵"，《明会典》"媵妾"连称，清代称"媵婢"，实际都是通常的"妾"，即一夫一妻多妾制。真正的"媵妾"制，却保留在清代云南的龙家土司，凡嫡长女嫁给他姓嫡长子，必是一女媵八人，正是古代诸侯一娶九女的遗制。这些媵女也取自女方同姓，或选自士庶良家。这是"礼失而求诸野"的一例。

典妻：据说始行于宋元时期，到清代，记载渐多。浙江的宁波、绍兴一带，以己妻典给他人，5年、10年为期，期满便赎回，也就是租妻。凡无力娶妻而又想要儿子的人，便租他人妻，立有契券，写明租期，或以生子为限，期满则归还原夫。也有外来人过此寻花问柳，利用这种方式，并住宿在她家。租期满后，还可以续期，增加租价。这种恶俗，直到现代还存在于极少数穷乡僻壤。柔石的小说《为奴隶的母亲》就描写了这种婚俗带给妇女痛苦的情景。这种租妻固然是由于贫困才想出的下策，可是却形成一种习俗而长期存在，情况很严重，所以元代和清代先后都有禁止、处罚的律文。

"三礼"风行新俗繁
民族婚仪呈异彩

南宋以来的婚礼"三礼"，在明、清时期逐渐占据主导地位。概括地说，明代皇室和品官还按规定用古代"六礼"，民间则用"三礼"；到清代便是朝野上下都用"三礼"了。

明朝上层社会婚礼沿用古制，也是当时复古倾向的表现之一。洪武四年（1371年）为皇太子册妃，朱元璋亲览礼部仪注，讲采用古礼的问题，提出合卺还应该用匏，妃乘车还应该用遮尘的幨，并且明著为令。

清朝皇室只用"三礼"，早在顺治年间就已议定。不过它既杂以满族礼俗，如双方族亲宴饮，女父母送嫁，纳采用一"九"礼品，亲迎备九"九"礼品，以鞍马为先导等；又杂以古制，如品官婚礼，纳采、亲迎还有奠雁，又有"姆加幪（遮尘的幨）"，合卺，并用媵和侍御交互为婿、妇布席，脱礼服等古礼。

所谓"三礼"——纳采、纳征、亲迎，仅仅是婚礼的主要段落，全过程的许多仪节不断创新。所以婚礼的合并，只是删减古礼，却为新俗的频繁兴起留出了位置。宋代形成的基本程式如起帖、小定、大定、催妆、铺房到亲迎、跨鞍、牵巾、坐富贵、参拜、交杯直至暖女等一整套仪节，还有采用鼓乐、花烛，以鸡代雁，以鞍马、羊酒取代玄纁束帛，以撒帐排除撒谷豆和明代出现的"茶礼"，等等，这个时期均已确定下来。

　　民间实行的婚礼，明代可以顺天府为例：合婚得吉，相视（即相亲），留赘礼，行小茶、大茶礼。娶前一日，婿备礼物往女家曰"催妆"；新妇至门，跨马鞍曰"平安"；新妇进门，阴阳家唱催妆诗（此为变异），撒诸果曰"撒帐"；婚礼后，女家送食品给女儿曰"做三朝"，或有"做单九"、"做双九"等。这是在宋代婚礼的基础上加些地方的新创，其中的变异可能是文字记载的讹伪，也可能是实施过程中民间已不完全循规蹈矩。仪节的颠倒、名称的混用，也往往有之。清代乃至近现代常见这些现象。

　　清代民间也有杂用古礼的，如北方有的地区亲迎有醮戒和命辞、奠雁、女登车、婿接绥（车绳）、合卺、庙见及见舅姑等。这种现象也并非一地所见，有些富裕人家以行古礼为雅、为荣。当时政府都有不准随便行用古礼的限制，这反倒引起人们的羡慕。

　　在南方，情形也相类似。如在杭州，把问名称为"传红"；双方互致草帖，称做"拜望"；往下有纳采、纳征；送羊酒果饵之类，称做"加笋"；亲迎礼则有交拜、合卺、拜翁姑、拜尊长等。据其府志载，"士大夫家"如此，也是宋礼夹杂古礼。"至闾巷细民，多从简约"。这一带地区如温州等，也基本如此。

　　南京地区的婚礼节次繁多，基本上是"宋礼"，大略言之，也有十多项，如：草发八字，加以占卜、合婚；女家盛情款待大媒叫"拜主亲"；下定礼叫"传红"；请期；亲迎前男家送聘金、衣饰、筵席，女家备

礼"回盘";前一日铺房;婿迎娶时有"拜开门"、
"三道茶"和"大开门"、"小开门"等索"利市"的
节目;申酉时发轿,用彩灯、鼓乐、花爆等;拜天地
及诸拜,行牵巾;作(坐)富贵;合卺,如宋代交杯
酒的方式;翌晨为新妇"开脸",即修去汗毛;妆毕见
舅姑;婚后第三日婿请岳家宴会为"会亲",女家备酒
馔同来为"元饭"。此时还有妇献翁姑针绣织品等赘
礼;新妇三日下厨为"煎豆腐";新妇登堂拜诸亲为
"分大小",等等。其中节次也有不顺之处。总的来说,
以上婚礼仪节,或简或繁,是清代也是近现代民间婚
礼的一些模式。

　　各民族婚礼,在清代所见记述较多,都保持本民
族的特色,也受宋礼乃至古礼的影响,可谓异彩纷
呈。

　　满族八旗婚礼,纳采、问名诸节次都同汉族,间
或遵依古制,有亲迎、庙见诸礼。一般满族人家的婚
礼节次为:男家主妇到女家相亲,合意便送如意、钗
钏等,名叫"小定";再由婿亲往女家行礼,都有双方
的族亲陪同和接待,两家年长者互致礼词,名曰"定
婚";改月,择吉下聘,送绸缎衣物、羊、鹅,称做
"过礼";迎娶前一日女家发送妆奁家资。迎娶在当日
凌晨举行。新妇至,婿亦对轿发箭,八旗亦然;新妇
抱宝瓶,向吉利方向入坐;宗老致祭、致祝词;登床
合卺;男女争先坐被上为吉;彻夜笙歌不绝,名曰
"响房"。次晨,始拜天地、宗祠、舅姑并族亲;三日
或五日归宁,满月又归宁。这里既有满族的婚俗,也

有汉族的礼仪。

蒙古族婚礼的特点是聘礼、嫁妆资财都用牲畜，数额崇尚奇数，从一"九"至九"九"，如不能备九数，也必用七、五、三数等。迎娶用马，新婿骑马至女家，行礼献哈达，女家款待全羊奶酒，并在女家住宿一夕，次日女家召来亲朋，策骑送女。新妇入门向一盆火礼拜，再拜翁姑；但不行合卺、交拜礼，饭后再对宾客行礼。富家女还以奴婢为"媵"，亲朋以送牛马为厚礼。特异之俗是：无论贫富，新妇3年内生子，应得外家财产的一半；若3年不育，便被勒令大归（休婚），退回聘财。这种重视后嗣的观念，严重到绝情的程度。

哈萨克族婚嫁，重财礼是一大特色。富家聘财往往是"马千蹄，牛千足，驼百峰，银二三千两"。经媒议定，就作"踏水"的誓约，双方家长涉水，以示不反悔。此后，视财礼交到过半数与否，决定可否迎娶。迎娶时，婿以良马奉给岳母，以报育女之恩。女至男家毡房，由阿訇念经，给新妇饮清水，并遍饮同座者。入夜男女歌舞娱乐，尽兴而去。次日，新妇始改装，将十几条小辫梳成两条大辫，以鞠躬礼见姑，以炉火烧牛油，光焰满堂为吉祥；接着新妇向姑献上俎肉（大块肉），同时进献坐客，姑致训辞。凡此皆由其嫂引导助行。然后姑领新妇遍视房室，新妇打扫炉灶，表示始尽妇职，最后入姑室请安。但翁媳不相见，若相遇，媳则以帕遮面，这样持续二三年。

藏族议婚仍由父母做主，请媒说亲，应允就送哈达、酒、币，女家受哈达并转赠族人，以酒款待亲友，将下聘的首饰给女儿戴上即表示订婚。嫁时，在新搭的大棚内，女高坐蒲团（坐墩），撒碎布、麦花和食茶酒糖果。然后送出，亲友簇拥步行（道远则乘马），又撒青稞麦为"撒谷豆"。至婿家，亦不行礼，新人直接同坐饮茶酒，亲友赠哈达祝贺；宴饮完毕，亲友纷纷携果、肉而去。次日，双方父母盛服、戴哈达，拥新妇"出游"访问亲友，宴饮3日乃止。

苗族一般采用跳月的方式，男女自由择偶、定情，但最后亦须告诉父母，有订婚、认亲、讨庚帖、迎娶和回门等节，与汉族婚礼类似。礼仪中，也同样有亲友相贺、宴请等喜庆活动，其间唱歌、对歌，尤其能增加欢乐气氛。

西南的许多少数民族，男女青年通过群聚歌舞的方式，自由择偶，已经广为人知。其实从婚礼的角度观察，这就是议婚、订婚的阶段。著名的如苗族的"跳月"，壮族的"歌圩"，男女借此传情说爱，合意者以随身的各种佩饰或玩物互相赠送，作为定情、私订终身的信物。各地区、各民族还有各种集会的名称和择偶的方式，而用意、实质都一样。

这类活动往往在定情之后，男女双方各自禀告家长，遣媒说合，开始正式婚礼节目。也有当时即达到亲昵程度，乃至交合、同居的。活动的参与者都是未婚男女，嫁娶之后不再参加。行"不落夫家"之俗的地方，只要未生育，夫妇都可在圩场各自寻找异性歌舞欢乐。夫妇之间不仅不埋怨，而且互相鼓励。不过，原则上是以嫁娶划分界限。有的界限又很严格，乾州（今湖南吉首一带）红苗有明确的规定："处女犯奸不禁；若犯其妻妾，则举刃相向，必出钱折赎而后已。"

不落夫家婚俗也波及广东顺德、增城、番禺一带，这里亦行对歌求偶。新妇归宁后三五年不返夫家；有的终身如此，便帮丈夫立妾以代己。这里的女子还有一种"金兰契"，即相约不嫁，结拜姊妹，并严格实行这种婚俗。这和当地经济发达，妇女有独立生活能力，因而受封建束缚较少等因素有关。

总起来看，除开"不落夫家"之俗，这种自由觅偶可以说是春秋时代"桑间"、"濮上"之风的重现。两者都是未婚男女欢会求偶，而正式聘娶也都要经过正式婚礼。

这时期也还存在"抢婚"的形式，如云南禄劝的彝族颇为盛行，不过已经是一种追溯原始婚俗的象征性演习，也有因父母阻婚而采取这种方式的。另外，纳西族的"阿注"婚，称为访问婚，议婚、结婚和离异都完全由男女双方自由进行，可以说没有进入婚礼的范畴。

 7　婚礼陋习与美俗良风

婚礼中的传统陋习，此时期依然存在。

一是奢侈之风。如前述明代高等门第联姻所助长的婚事奢华，万历二十七年（1599年）诸皇子婚礼用费，诏取太仓银 2400 万两，相当于国库 6 年的白银收入。上行下效，如当时浙江地区，婚嫁都以富厚奢华为荣。出嫁的时候，财礼肩挑船装，水上陆路，络绎不绝，往往弄得倾家荡产。前述清室公主下嫁，亲迎要备九"九"礼品，合卺要设 90 席。哈萨克族富家的聘资是"马千蹄，牛千足，驼百峰，银二三千两"，亦相当可观。云南龙州土司家在迎娶中，仅婿见外姑（岳母）时，受赐就有金杯、玉杯各 1 对，金象箸 20 双，金 2 条，银 2 锭；三月庙见，新人拜见尊长时，受赐有硃砂石青、牛马犬豕、锦缎、金宝簪珥等，亦为前代所少见。在江苏仪征，婚前铺房，女家要备置全堂木器，谓之"一房一屋"，帐幔铺盖必双，富家更有四铺四盖、八铺八盖，还有银锡瓷器、首饰、衣物等；迎娶时，花轿极尽华丽，仪仗、鼓吹、细乐数十番，沿途燃放鞭炮，而丰盛的筵席，自不在话下。

宋代"利市"之风至此愈刮愈盛，各地延请的轿夫、鼓吹、打旗人等，索取各种"开门"钱，名目繁多，有的轿价比平时高出两三倍。有的地方母家竟在财礼之外，向女婿索取哺育女儿的"娘钱"，送嫁的金银首饰也要求婿家照数偿还银两。这样，富者竞相攀比，贫家勉力支持，造成许多男方倾家荡产或负债累累而一世不能偿还。江西吉安，因完婚 3 日要宴请全村男女老幼，次年元宵节还要再宴请一次，导致有的人家计无所出，只得卖新妇了事！

二是闹房，戏妇谑郎，花样百出，甚至发展到淫鄙的地步。如广东顺德要新妇"膝行"见舅姑，名曰

"跪茶跪酒";闹房时对新娘多方调笑,迫令她做不能为之事,还时时用爆竹伤其面目手足。安徽合肥,女家亲友在新婚遍拜诸亲时,趁机百般刁难,品评、笑讪新婿的一言一行。江西吉安有棒打新娘之俗,以致新妇上轿,无论冬夏,都必须穿上棉袄并外罩破烂的衣服,汗流浃背亦不能免。到闹房时,无论长幼大小,每呼一声,新妇必须向他下跪,受者可不回礼,腿膝之苦难以忍受。在萍乡,则戏伴娘,对其美丽者,使酒纵情,任意调笑,已涉及淫亵。江苏淮安,也同样而有过之。湖南衡州的闹房,有一种"打传堂卦"的陋习:以一人做堂官,滑稽打扮,旁立"差役"若干,拘新人及翁姑跪堂下,命令翁姑教给新人行房术,新人又必须复述一遍,否则鞭笞从事。蒙古族也有"拘审"一节,拘新郎做囚犯,奉新妇为审官,必使新妇请新郎起身而罢。这些陋俗当时就受到人们的谴责。

此外,南方还有"偷新房"之俗。更深人静,数人结伙潜入新房偷出衣物甚至枕被,次日送还物件时索取报酬,有的地方还形成一定的酬赏规格。据说,此俗也有了解新婚夫妇是否和美的用意。

三是婚礼中的迷信成分。在汉族地区,主要是传统的迷信事象。在西北方一些少数民族则是佛事,如在婚礼中请喇嘛诵经,有的请坐家僧主婚,对其十分崇敬,厚为酬馈。回族有的还以婚事向阿訇咨询,由其翻阅经卷,指定某人为婚配,名为"天定"。

此时期新出现的陋俗还有所谓"验红"。前述明皇室设"稳婆"检验秀女的童贞。验红即是民间此类陋习。新婚之夜，以白巾拭有"新红"，说明新妇是贞节处女，全家皆喜。三朝回门，婿家送烧猪至母家。因此母家都为是否有烧猪送来而忐忑不安。一旦未见送烧猪，两家都转喜为悲，并有退婚或讼事发生，对女子的威胁更大。此俗在广东地方盛行，一直流传到近代。此外，有的地区夫妻离婚3次之后再想复婚，必须分别与他人奸宿方可，这是用此法来羞辱他们。还有光绪初年，江苏靖江竟发生一起僧尼公然举行婚礼的奇闻，幸遇县官，怒下禁令，将僧尼笞之下狱了事。

婚姻的良风美俗也所在多见。"礼缘人情"，人们总是要用正当的礼俗来表达正常的感情。一些良风美俗，在封建社会也时有涌现，只是当时难以形成潮流，其传世借鉴之功还是不可泯灭的。

有一种"重谐花烛"的新俗，在楚地一度兴起。凡夫妇年逾花甲，便被看做是"两世伉俪"。他们的子孙往往要老人打扮成新郎新娘而重新举行婚礼，合卺交杯，宴请宾客。看来十分新异，实际上和现代社会庆祝银婚、金婚的礼俗意蕴相同，颇有情趣，也能慰藉老人。

民间自动起来改革婚姻的陈规陋俗，最有意义的，要数侗族的"婚姻八议"。清道光十一年（1831年）十二月，贵州锦屏县婆洞的侗族十寨乡民起来改革传统的婚俗，他们经过协商订出八议：

一议：男家财礼6两（当为银），女家全收；舅父只收酒肉，不收分毫财礼。

一议：送亲礼物，只许糍粑一槽，其酒肉多寡，听其自便。

一议：送陪亲婆礼，只许酒肉，不得又送糍粑。

一议：嫁女之家，妆奁多少，随便其有无，手巾（此词不明原义）概行禁止。

一议：纳采之后，禁止节礼，日后行亲节礼，只许馈送一年。

一议：喜忧礼物，禁止卷联祭轴。

一议：姑表结亲，不得混赖。必要庚书媒帖为凭，其财礼仍照 6 两。

一议：生男育女之家，只许嫡亲送礼，不许搭礼。

并撰写《因地制宜碑》，永志不忘，至今犹存。碑文文字朴质，规定具体明白，要求严格也易于实行。前面有序言，指出"六礼"的弊端，提倡"俗兴化美，益己利人"，号召人们"前呼后应"地来执行规约。八议主要是限制婚娶的财礼，减轻乡民的负担；同时也涉及生日贺礼与丧礼的内容。这确是人民起来革新礼俗的一项创举。

8 圣寿节铺张极致
寿庆文化遍民间

明朝皇室大概没有继承宋朝"圣寿节"的那套盛典，史志无所记载；清朝则是变本加厉，"推陈出新"。清室的太上皇、皇帝、皇后都有生辰贺仪，皇帝的称为"圣寿节",皇后的称"千秋节",只是没有各自的专称,而举行时铺张、豪华,远超宋代。康熙五十二年(1713 年),皇帝玄烨 60 寿庆,在畅春园中大宴直隶省现任、致仕的年老官员达 4000 多人,还有各族的老年军职 2700 多人。乾隆为皇太后庆祝七旬千秋节也依照康熙的成例,广开寿宴,延请数千老人到会。乾隆 80 寿庆,藩属国都派遣使臣前来祝贺,皇帝赐宴,还御制诗章。这一次花费,据统计为 140 万两银子。同时为皇后、太子生辰举行的千秋节,都开千叟宴,他们绘制寿图、写诗、联句,邀赏无数。嘉庆年间达到了高峰,皇帝六旬时,皇城各园苑、寺庙、街坊都张灯结彩,悬挂匾联,绵延数里、十几里。奢华和耗费,与乾隆的寿庆相等。这种"圣寿节",只能是使万民减寿而已。

　　清代官家大族的寿庆与生辰贺礼,可以《红楼梦》的描述为例。第 71 回写贾母 80 寿庆,热闹了七八天,宁、荣两府齐开筵宴,仪节也异常繁缛:上寿礼,唱戏,僧人念经,焚天地寿星纸,放生等。第 11回记贾敬生日,贾珍送上 16 盒上等果品,八家官府差人赴送名帖和寿礼。第 43～44 回记王熙凤的生日,贾母带头凑"份子"银两,共达 150 多两,用来请戏班子、说书;还派专人采办与设置酒宴,众人敬酒、行礼。贾宝玉的生日,也有高朋贵戚和僧、道、尼姑送来各种祝贺礼物;园内有姑娘们凑钱预备酒果。贾宝玉本人于当日在庭院烧天地香烛、烧纸、行礼、奠茶,到宗祠、祖堂礼拜。以上大体反映了这个阶层寿庆的礼俗。

清代直至现代，寿庆、生日贺礼，在民间已普遍成风。稍富裕的人家，设寿堂，摆寿烛，挂寿屏，张灯结彩，延请乐班或搭台唱戏。寿堂正中设寿翁之位，下辈儿孙和晚辈亲友行上寿礼，依尊卑长幼或跪或拜。有的还致词。送礼、设宴自不在话下，儿女做衣做鞋，亲友则送寿桃、寿面、寿糕、寿烛以及衣物。文雅一点则写寿屏、寿联、寿匾。一般人家没有这些排场，但主要亲戚如女儿、女婿、外孙等及至亲好友，还是要送寿礼，如寿面、鸡、酒和亲制的衣物等；到场行礼或说几句吉庆语，款待一餐酒馔，即告成礼。

一般到 50 岁可称"做寿"，60 岁为"花甲之庆"，70 岁为"古稀之庆"，80 岁就是"大寿"了。40 岁以下只称"做生日"。有的地方，10 岁或 15 岁生日，由外家主办；20 岁则由岳家主办，此后概由自家筹办。还有数人合做 80 岁、90 岁、100 岁寿的。也有子女为已故父母做"冥寿"的。

在年寿的计算和习俗观念方面，注重"9"数，一种说法认为 9 是关键年，就是厄年、劫年，又有明九（49、59、69、79 岁）和暗九（9 的倍数如 54、63、72、81 之类）之分，逢此就必须设法化解，如穿红色的衣服，系红腰带等等。另一种则相反，"做九不做十"，就是在整岁的前一年（49、59、69……）做寿庆，这当是古代以 9 为大数的遗意。也有说出生前在胎中算一岁者。

这时在知识界，自作或他人赠作寿诗、寿联之风兴盛，赠作多是祝颂内容，自作则回顾生平，或言成就和福气，或抒发感慨。一般有文化的人家，便写寿匾寿联。四字寿匾的内容，多半以东海、南山、松鹤等字眼象征遐龄。也有以麻姑、八仙、蟠桃等喻示长生不老的内容绘制寿图的，还有"百寿图"等，构成了丰富多彩的寿庆文化。

养老礼至此已面临末运，明、清两朝的史志不见专门记载，只在某些帝纪中简述而过。明初曾定于正月和十月在学宫举行；民间里社以百户为一会，请年长者为正宾，余人以年龄为序。亦增加入学仪节。这时新添"属民读法"的内容，使古制发生了变异。嘉靖年间，定过一次仪注，又改举行时间为季春。清代，乾隆准备在视学时举行养老礼，大学士张廷玉上奏以礼典隆重难以实行为辞请停止举行。从而可以想见当时行礼的实际状况和君臣对此的心态。自此以后，朝廷大致不再议论或举行，延续了二三千年的这项古礼终于废止。

优老礼各朝还在继续举行，有时宴赏之盛还超过以往。明代，从洪武到嘉靖年间，优老方式仍是赐酒肉粮帛和赐爵、免役。对一至五品致仕者晋级，赐彩帛羊酒等，还拨给人夫当差服役；对百岁以上老人，皇帝赐宴、赠官衔等。清代的优老礼，多半见于前述皇室寿庆时举行的千叟宴，其他的赏赐罕见记载。

清代民间的尊老风俗，在一些民族的喜庆场合有很多表现。一些地方每于宴会间推举一老者坐上座，后辈们纷纷敬酒，恭顺谦让。有的少数民族在婚礼喜宴之后，新婿端着木盆，新妇背着热水，挨家挨户请长者洗脚，也是一种敬老的美俗。有的在举行婚礼时首先就要请老人、老歌手坐上席，新人们向他们行跪拜礼，得到他们的祝辞答谢，充满祥和气氛。

养老礼俗是中华伦理文化的重要组成部分，它能淳化风俗，团结群体。在今日社会跨入老龄化时，很有继承、革新、发展养老礼俗以适应时代要求的必要。

9 丧葬礼俗的近代走向

丧葬仪节，明清时期基本沿用宋代更革后的成式，主要是采用朱熹《家礼》作为框架。明代的品官丧礼也已经不再用"复"、"重"和赠丧、朝祖、遣奠一类仪节；皇室大丧也只是"禁屠四十九日"，百日卒哭便除服，明确采用佛事的七七之说。丧家向亲友发送孝帛、孝布的做法已成常俗，虽然有人指斥它有悖古礼，但照样行用并流传到近现代。清代除满族自有其丧俗外，从朝廷官府到民间都继承宋明以来的丧葬仪节。尽管史志也有记载古制的文字，但与实际并不是一回事。清代品官丧礼中也有三虞之后卒哭，卒哭而社祔庙，但都渐渐成为少数人行用的了。

明清品官的丧仪特点，就是进一步加强等级制，所用祭品、葬具和坟墓造作，在数量、形制、装饰等方面都有不同等级的差别，不能逾越。祭奠筵席、羊酒、楮币之数，墓上的石人石兽具数，碑首座饰与高度，殡柩的花纹内容以及置翣（音 shà）等的对数，均按公、侯、伯、一品、二品直到七品的官阶（士庶人为最低一级），一一明确规定。

当时的民间丧葬礼俗，明清两代基本上一脉相承，只是清代加繁而记述最多。也由于各地区传统习俗的差异，各阶层贫富有别，各家各族尚古与求新的追求不同，出现新旧杂糅、繁简不一的驳杂现象。下面列举几方面的类型做一简要介绍。

少数仍遵旧制者，以浙江一些地方为例：还行用死后的含、敛、成服、吊赠等仪注，送葬有亲友执绋，还有坚持三月而葬、三虞之后卒哭的，并行祔神主到宗庙一节。有的记明不用鼓乐，不做佛事。

大多数是所谓"仿佛文公家礼"，简单说来，就是宋礼加佛事。这里综合顺天府的各县情形作为这一类型的代表，有下列主要节次：初终，哭踊（顿足），移尸，帧敛，在门上悬挂纸人纸马，往土地庙烧纸求魂（相当古代"复"），作"秧榜"（写死者姓名年月贴在门上），合家不举火、不食，孝子服衰麻，哭无时，浴亲尸，含，男括发（去冠饰、加麻束）、女去头饰（相当古代"髽"）；第三日入敛，成服，在院中搭棚停柩，一日三次到乡社庙告祭，称为"报庙"，亲友临吊，孝子稽颡答拜；用佛事"做七"，逾月而葬（有长期停柩的习俗）；占筮葬地、葬日，家祭，请题主（即点主）写灵牌，祭后土，发引前日亲友赠助，称"封灵"。富家举行迁柩礼（或用僧道或儒生）或遣奠礼，有路祭，或行"山头祭";丧家向亲友散孝帛乃至孝帽、孝袍;葬后三日孝子增筑坟土,称做"圆坟"或"暖墓";服丧27月;百日内不剃发,等等。

于此可见其中有古礼,有佛事,还有新俗。这一类型,各地大同小异,流行广泛。

还有一类繁化奢靡的,也就是在上述类型的基础上,扩充佛事、路祭,除做七"七"、百日及大开超度的斋醮外,还根据地狱、轮回和忌煞的迷信传说,大量制作纸扎的各色物象,做成"买路钱"、"打狗饼"和"招魂幡",还有"接煞"、邻家避煞之法,等等。路祭时多设祭奠,大张鼓乐,广设棚、亭,使用各种名目的仪仗,广宴宾客直到搭台演戏,上演走马上竿之类的杂技,可谓五花八门。

这一类视丧家的贫富不同,或部分或全部施行。

清代这几类丧葬礼俗一直流传到近现代民间社会。

值得介绍的是,当时各少数民族的丧葬礼俗各具特点,不过大多吸收汉族的礼俗成分,有的还包括古制。

北方及西北少数民族丧俗的共同特点是:不尚繁文缛节,而重视对死者的灵魂超度,故重佛事,有七七、忌煞,并有某些特别的处理方式。部分居丧、吊赠和周年、小祥、大祥祭等仪节,便吸取了汉族的礼俗。

满族八旗:初终停尸在一种木架式的"太平床"上,着装用棉且必须7~9件,入敛后3天请喇嘛诵经叫做"接三",亦有七七、避煞,也都要请僧念经,孝子也守丧 3 年，卧薪、食粥等如汉族古礼。

哈萨克族：主张速葬，初终不过夜就掘圹下葬，请人念经，又重视周年的祭吊，富家杀马宰驼宴客，宾客赠财助葬，还要在墓侧举行驰马比赛，等等。如夫死，妻要毁容示哀，即抓面流血。居丧一般以 40 天为准。

回族：初死即脱去衣服，从面部至足盖上被单，以为一心归主，无所挂累；请阿訇浴尸后即缠布或棉，举尸入棺；棺底开孔（当为灵魂超升）称为"马衣"；亦行小祥、大祥祭，都要念经。新疆的回族与上述哈萨克族相似，不同的是：初终必到屋上诵经；墓上用马牛羊的角、尾装饰起来，富家要建筑丧庐，聘请明经知礼的人守墓，早晚念经，春秋祭奠。

藏族：一般人家实行土葬，重视佛事和忌煞，死后必停尸 3 日，以为尚有生命、灵魂；第 4 日清晨入殓，下葬由喇嘛作法，使灵魂从脑部升出，便可不入地狱。亦重视做七，行百日丧服。发引隆重，大作佛事。葬入公墓，在公共大石碑上刻入新葬者服饰形状以作标记。

西南地区少数民族丧葬礼俗的共同点则是一般不用佛事，而有"闹尸"、"暖灵"等特殊风俗。同时亦受汉族礼俗影响，有的终丧制度甚至超过古制。

湘西乾州的红苗族：人死不设木主，但有吊临，杀牛设酒食叫做"送哭"；有的行"闹尸"，亲友相集笑呼歌舞叫做"调戏"；亦占卜葬地，或扔鸡蛋在地面不碎，就认为此地是吉地；葬不用棺，浅埋而上加封土。贵州有些地区的苗族，进行 3 次掘墓洗骨，认为亡亲的骸骨不白，会有害于家人。

黎族：凿空整木为棺，墓无封土，也不行墓祭，不用衰服，只用白布包头。而丧期却较严格：对父母是三年丧，伯叔父是期丧。

广西的瑶族：仪节较多。初终奉尸中庭，亲属戴一种草木制作名叫"茅绥"的孝帽，请人在家早晚演戏，直到出殡为止，名叫"暖灵"；出丧用数十名童男童女，扮做古今人物，手持丈长的竹竿，敲锣打鼓为前导，这源于盘弧（本族的图腾、始祖）初死的故事；也有的在入敛时，由邻里青少年拿着弓箭、打着节拍，绕屋歌唱，亦是"闹尸"之俗。墓地安葬亦有特殊方式，葬后才行招亡魂的仪节，举行两次虞祭（古为三虞），祭时烧遗衣；但无祥、禫之制，却行 36 月的终丧制度，为一特异之处。

 ## 加重服制昙花一现
各民族葬俗蔚奇观

丧服制度，明清沿袭宋以来的新礼俗，皇朝官府一般是区分内外：内廷行三年丧，27 月终服；外廷和地方，可听任以日易月，即 27 日终服，甚至也有丧服期减半的。

可是在明初却有一次加重服制的决定，即在唐代重服制的基础上，把服斩衰 3 年扩大到子为继母、养母，女为父、母，嫡孙为高、曾祖父母等亲属间。对此洪武时曾下礼院讨论，有 2/3 的官员赞成，便确定下来，其实是朱元璋本人的复古倾向起了决定作用。当时有这样一个故事：朱元璋曾强迫太子为孙贵妃服齐衰杖期的丧服，太子不肯，弄得皇帝大怒，就在殿廷上拿着宝剑去追击儿子，大臣茫然无措。幸喜当时桂良彦上前解救，劝太子服从，方才罢休。朱元璋释怒说道："老桂！你今日居然能够把我们父子和解了！"故事风趣可笑，却真实地反映了朱元璋的观念。

这只是昙花一现。到清朝，内廷有时也以日易月，只有雍正、乾隆时力排臣议，皇帝行 3 年心丧。后来，五服制的终服期也都缩短了。

关于居丧守孝，明代强调以俭尽哀为本，禁止作乐、宴客。《明会典》规定，凡大功以上居丧都必须用粗疏饮食。一些士大夫还坚持居丧尽孝，丁忧去官。永乐年间，霍州学正曹端丁忧，即弃职归家居庐，诸生慕其品行，纷纷赶来就学，曹端就在墓庐中讲学授徒，为时人称颂。明初，朝廷也倡导守丧尽孝。洪武年间，广西布政使臧哲母丧去官，朱元璋遣使赐米、赐钞，并且定为成法。不过后来"夺情"、"起复"就严格起来，如大学士李贤、刘吉都是在丧中被勉强起复的。也有官品不正，迎合起复的，张居正在这件事上表现恶劣。他遇父丧，不想奔丧，其随从就帮他造"夺情"的舆论，又向朝廷上书留任，而吴中行等 5 人则上奏他应坚持终丧。张居正恼羞成怒，竟然杖责他们，又削职，又贬谪。有人接着上书，也被罢官。到崇祯时期，黄道周也因上书反对起复一些大臣而受到降职外调。可见，如何对待起复，是颇能考验官员品质贤否和政风清浊的。清朝也有这方面或严或宽的规定。不过有关的争斗事迹，少见记述。

清代民间守丧情况参差不一，如前述顺天府有的地方还有守丧 27 月的，已嫁之女也要为父母戴孝 3 年。但一般情形多是七七或百日之后除服，在周年和新岁，孝子则服一次衰服行祭。

丧服的 5 种形制行之数千年，其间变化自不能免。到清代，见于记载的有安徽庐州，其丧服还按嫡庶亲疏稍分等次：亲生子女都服斩衰，用白色粗布，边缘都不缝缉，脊缝毛口翻出，首服 6 尺长的白布，系以麻丝，叫做"直披"，鞋前蒙一块白布；子妇亦然，丧服上另加一"反托肩"。次一等的侄、孙辈，则衣边缝缉（即齐衰），头扎白巾，横垂肩际，名叫"横披"，鞋前白布无毛口，也稍短一些；侄妇辈则无"反托肩"，子妾亦然；再次是曾孙辈，丧服边缘缀上红布或红寿字。孝子行礼时，丧服外罩麻衣，戴麻帽，边沿悬数个小棉球。山东邹县亦有近似的记载。这大致是清代至近现代民间丧服的一般情形，较古制已是具体而微，只留有一些梗概而已。

明清时期的各种安葬方式，记载甚多，尤其是各少数民族。

前章谈过的火葬，明代还在江南地区和仲家苗族等地区流行。清代道光年间，杭州也还有火葬习俗。清末，河南开封一带对一些夭折幼童进行火葬；而蒙古族的火葬则最为正规，往往行于富家大族；

藏族也是贵者和喇嘛用火葬。他们的焚化方式相仿。同时，云南的一些少数民族、福建的畲族、黑龙江的满族，都流行火葬。有的伴以一定的仪式、墓祭和丧服。

清代的水葬，主要在藏族中流行，其法是将尸体割碎抛入水中，让鱼吃掉。对一些非正常死亡的，水葬的观念和做法又有所不同。

树葬，东北边境地区，人死即用柴草裹尸，悬在树上，腐烂后解下，敷碎石一层，加以浅埋，当地也称"风葬"。鄂伦春族直到近现代，都是将尸体搁置树上，有巫师念咒，亲属祭奠，此后就任尸体腐烂与鸟兽啄食而掉下，以为吉利。其他如达斡尔族，西南地区如贵州都匀的苗族、广西的瑶族、云南的景颇族，都行树葬。

天葬，即鸟葬，主要见于藏族。方法是将尸体做一定的处理之后就送去喂鹰，剩下的骸骨还要加以处理喂犬。在甘肃、青海地区，天葬则在沙漠无人之处进行，吹一种管乐器引来飞鸟群集，任其把尸骨啄食干净为止。

兽葬，将尸体喂狐、犬，方法与天葬的喂鸟相似，流行于蒙古族、藏族中。在一定处所还建有院区，专门执行兽葬事宜。

风葬，对前述的树葬也有称风葬的。而真正的风葬，应是新疆一些少数民族埋尸沙漠中，让风沙吹干，尸体仍完整如生人形，类似古埃及的木乃伊。今日考古不断发现这种干尸。

崖葬，明清时期仍在一些民族和地区流行。如明代的仡佬族和武夷山区，清代四川珙县的僰（音 bó）族、贵州康佐的苗族等。

此外，云、贵、广西等省区的少数地方还出现过铜棺葬、铜鼓葬之类。

上述几种葬法，有的民族分别采用其中二三种，有的对同一死者先后用两种葬法，可称"复式葬法"。潮州汉族也有此俗。

这些特异的葬俗，看来似乎十分残忍，不近人情。但在实行的地区，不仅习以为常，而且认为是孝亲的行为。蒙古族就认为火葬能使亡亲升到极乐世界，是无罪的表现。藏族以为水葬是奉献河神（鱼）的荣耀事情。鄂伦春族认为树葬，藏族认为天葬、兽葬中尸体被鸟兽食尽，死者借此可以升天，是最慈善、有道德的行为；反之，若不被食尽，或尸体提早从树上掉下，那就是不吉利，还要请巫师祷告。可见，一种习俗的流行是和当时社会生活、人们的观念紧密地联系在一起的。当然，同一葬法中，对非正常死亡或儿童早夭者，观念又截然相反。那必须作具体分析和探讨。

明清时代丧葬中的陋俗恶习和良风美俗，瑕瑜互见。

宴饮与奢侈。明初的洪武年间，京师地区便有在丧中乐舞娱尸、饮酒茹荤、张排筵席的风气。嘉靖、万历间更发展到在墓地上设宴饮酒，称"山头酒会"，有的孝子也参与其中，以"饮啜"代替啜泣，称这种活动为"行家礼"。到清代，早在康熙年间，扬州的富家出殡就极为豪华，制作各色轿马、旗幡、扇伞及人物，"充塞途径"，请乐妓、倡优扮演故事，形成"锦绣如云，辉煌映日"的壮观。可见前面所举丧事繁化奢靡的类型，就是清朝前期，也并非一个地区存在。至于官家，自不在话下。《红楼梦》第14回描写秦可卿出殡的豪华场面："路上彩棚高搭，设席张筵，和音奏乐，俱是各家路祭：第一棚是东平郡王府的祭，第二棚是南安郡王的祭，第三棚是西宁郡王……"这并非完全虚构，它是社会现实的艺术概括。对此，当时人们就加以尖锐批评、谴责，指出这样的做法不仅劳民伤财，而且伤风败俗，违反礼制，丧失人情，把丧事搞得一点哀戚的气氛也没有了。明代经学家湛若水吊唁王阳明的父丧，发现饭菜中有肉肴，便很不高兴地退出。这时，吕坤《四礼疑》提出丧家十二禁，顾湄《咫闻录》揭露吴中十弊，清人徐乾学《读礼通考》指出丧礼五失等，指斥的主要都是宴乐和佛事斋醮。两者的危害一是淹没正常的伦理感情，一是虚耗钱财。

这时，佛事在丧葬中也愈演愈烈，超过前代。明清的史志已经正式把七七、百日等载入丧礼，可见其风靡的程度。民间采用的形式、名目五花八门。其具体节目层出不穷，比如各地兴起的"破地狱"，有的用纸扎高大的酆都城，由僧道用七星剑戳开，认为亡魂便可超度出来。笔者家乡赣东北地方还有"游地狱"的法事，孝子孝妇和近亲要跟随僧道游成圆圈，伴随着诵经不断啼哭，从白天折腾到半夜，方才用一定的方式破了"地狱",救出亡灵。至于用纸扎大量的物象焚烧,大设酒食,厚酬僧道及多项执役人员,都要花相当的经费。而且已成定制,贫家也得勉强支持,十分艰辛。

明清时代阴阳风水说继续流行,堪舆家宋代最盛,明代也有30人之多,仅居其次。朱元璋就相信风水。相传刘基听说闽浙间有显现王者之气的一片荒地,想到那里埋葬。朱氏知道后便对此猜忌不已。后来胡惟庸陷害刘基,置其于死地,据说和这件事也有关系。清代不少经学者也著堪舆之书,表明此风从术士扩大到学术界。曾国藩就认为中举、升官,都由于祖坟风水好,他吹捧凤阳的明陵风水最佳,皇帝从此"龙兴"。清代社会上建屋、选坟地,普遍请风水先生相地,一直流传到近现代。

这时期辟佛和指斥阴阳风水的,也代不乏人。如明代刘基写的《书刘禹畴传后》、魏禧写的《地狱论》,都批判丧葬中作佛事是媚神,祈求超度亡亲等于诬蔑父母生前有罪,是最大的不孝。如果拜佛可以消灾减罪,那么有钱财权势的人容易做到,他们便不妨在生前穷凶极恶,死后还可求神免罪,岂不是阎罗王、佛神成了枉法徇情的恶吏贪官了!说理入木三分,振聋发聩。

这时期有《葬书》、《风水问答》一类著作,而宋濂的《慈孝庵记》、吕坤的《四礼疑》、朱董祥的《论葬书》等等,都深刻批判阴阳风水的邪道。袁枚一首诗说得好:"寄语形家莫浪骄,葬经一部可全烧!汾阳祖墓朝恩掘，依旧荣华历四朝。"意思就是以唐代鱼朝恩掘毁郭子仪祖墓的故事为戒。

在明清，殉葬的恶俗又死灰复燃。明初4个皇帝的山陵都有妃嫔殉葬其中。明成祖死时，宫人从死者30余人，一一绞死，"哭声震殿阁"，可见其惨状。明英宗遗诏废止宫嫔殉葬，可是到末代皇帝崇祯自缢后，还有后、妃"奉旨"殉死，300多名宫女被迫跳进御河淹死。清初的皇室也是这样，努尔哈赤死，皇后和两个皇妃都被勒死从葬。顺治帝的董鄂妃死，有30名太监和女官被"赐死"。这也和满族入关前存在奴隶制的遗俗有关。八旗多以仆妾殉葬，宁古塔（今黑龙江省境内）的男子死，必有一妾殉葬，而且生前即确定。方法都是用弓弦勒死，有不愿自尽者，他人群起而缢之，惨不忍睹。还有一类是节妇殉葬，在明清两代中也都有一些事例。如万历时的宰相王锡爵之女，未嫁而婿死，便绝食殉夫。清代的烈女殉夫有多人见于记载。福建地方，一有烈女殉节，便搭台显示让众人围观。湖南一个总兵龚民死时也以妾殉葬。

上面说的是一个方面，丧葬礼俗史上的优良传统也在继续发扬。

这个时期的义丧义葬，著名的有：明代巡抚孙仁与蜀王府的宋昌先后为宋景濂迁葬和安葬，费资甚巨，受到人们的赞誉；经学家陈献章、王阳明之丧，分别都有门下弟子服丧、守墓，有的甚至服斩衰或守墓3年；同类的事迹还有吕柟、吴宽等人。高官中，有钱谦益为孙承宗服齐衰3月。

179

提倡薄葬的，有清代张尔岐著《续笃终论》，为继千余年前皇甫谧之后的力作。它主张禁戒厚葬，针砭丧事奢侈的弊端，提倡俭约办丧事，量力而行，认为这样同样能表达人伦之情，并提出贤者有移风易俗的责任。该书在丧葬史上有一定的影响。

掩骼埋胔，有明代唐顺之作《瘗河壖枯骨志》，自述他与弟弟和友人褚生收葬河边亡人枯骨之事始末，颇有教化世道人心的作用。

神位祀典多变化
民间祭礼成模式

明代沿用宋朝祀典而有所变革。一般说，神祠有所减少，如道佛神祇、星神等，罢去岳渎的封号和孔庙祀位的爵号；但又增加太岁、月将、云师的神位，而城隍的祭祀特盛。宗庙祭典依古，群臣家庙初仿《家礼》祠堂制而奉四世神主，庶人祭二世祖先，后定三品以上官员可立五庙，以下皆四庙。清朝基本上沿用明制，其稍有变更的是：罢宗庙大祭的禘祫，废八蜡之祭等，重视关公的祭祀而升为中祀，立四月初八的佛诞、行浴佛礼，亲王以下家庙祀五世神主，品官及士庶均祀四世神主。另有满族旧俗：堂子祭天，类似汉族古代的明堂祀上帝；立杆大祭，祭祀佛主、菩萨和关帝；坤宁宫祀神，朝祭佛主、关帝，夕祭本族神等；还有"马祭"即祀马神。

满族跳神，其尊神为观音，次为关帝和土地神；

暮祭则祀七仙女、长白山神，并设远祖神位。有的地方则祀昊天上帝和如来、菩萨，旁边还有貂神。蒙古族的"鄂博"为祭山川之神。

清代各地方的祭祀对象极多，也是五花八门，有的就是"淫祀"。进山朝香礼佛，敬观音和碧霞元君是普遍的风气；祭赵公财神，祭天后，福建等地祭妈祖；黎族祭管农业的李明；畲族祀盘瓠；江西抚州祭蛙神；江苏江阴祀煞神；黄河沿岸祀铁犀，以小蛇为龙神；广西梧州亦祀小蛇，当青龙神；皇城内阁大库祀库神篯猴，等等。这是简要的举例，其他尚多。

古代大祭有几千年的传统，今日北京城内的明清时期建筑遗存，可以见其大致的规模：皇宫左边是宗庙，右边是社、稷坛，为"左祖右社"之制；城南天坛祭天神，城北地坛祭地祇；东边日坛"朝日"，西边月坛"夕月"；南有先农坛为行重农籍礼所在，西苑曾建有先蚕坛（庙）为后妃亲桑之处。另外还有孔庙。其他如东岳庙、都城隍庙、关帝庙，则是明清时代的建制。

祭礼，明代全面承用宋代，清朝基本沿袭下来。宗庙有大祭、时享、荐新，百官家庙另增腊与忌月之祭，庶人只时享于寝。神位仿朱子《家礼》祠堂制度，高祖居西，以下祖先递次而东。《明会典》详载祭仪，均如《家礼》。清代的祭仪区分宗室和品官、士人、庶人的等次，大体程式为：（1）出神主；（2）燃烛；（3）上香；（4）行礼（一跪三叩）；（5）初献（进酒）；（6）读祝文；（7）再献（进馔即羹、饭）；

（8）三献（进饼、蔬）；（9）焚祝文；（10）纳神主；（11）众出；（12）彻祭器；（13）阖门；（14）馂（食神之余，众皆参与，行旅酬）；（15）退（长者先，诸人随之皆出）。并根据宋礼的三献中有主妇荐献、众妇与祭之礼，增加点燃灯烛一节，有的还献茶。品官祭仪还保留"啐酒尝食"、"致嘏"、"视燎"等古礼；而庶人家祭的三献只由主人酌酒3次，不分荐献各类祭品的节次。后代民间祭礼都实行庶人家祭的简化仪式。品官所保留的一点古制，实际上也都很少行用了。

清末至近现代民间，对上述祭礼又不断地简化，如妇女已不参加，祭天地合并于祖先祭礼中而提前进行，祭土地神在祭祖后进行，一般是燃灯烛、上香、进酒馔，加放鞭炮。祭品与祭器随家之有无，只合族重要祭祀有特设的一套祭器，年节和婚、丧大事则上三牲（猪头、鲤鱼、雄鸡），荐新特供稻穗等。

祭祀场所，士大夫家有祠堂，多称家庙，平民家设神龛或仅在桌案供牌位。近现代，家中神龛或桌案仅供祖、祢的神位，上代的祖先以村或族为单位建有祖堂安置。所以平时祭祀就先到祖堂，然后回家行礼，年节则全村或合族到祖堂祭享。墓祭时，清明节合族先上同宗的祖坟祭扫，然后分祭各家的先人墓；中元、十月朔和年节的墓祭一般只上自家先人墓。

祭祀祖先，据明清的史志记载，主要有禘祫（清朝已废）、时享、荐新、腊和忌日祭，清代后来在奉先殿的祭祀中，确定了许多节令的祭祀。民间在新岁、元宵、端午、中元、中秋、重九、十月朔、冬至、除夕的节日进行祭祀。另有二分（春分、秋分）、二至（夏至、冬至）和时享（四季的仲月）及祖先的忌日等祭祀，有的地方行用，有的则不行。少数地方行每月朔日祭，个别的还加上望日祭。

满族有自己独特的祭仪。如堂子祭天，有元旦、月祭和立杆大祭几次，仪式完全是满族的习俗。

坤宁宫祀神，祭仪大致同于堂子之祭。

满族跳神，设神龛，坐向按宋制。祭仪有 10 节：造酒、乌云（即献牲）、打糕、献糕、上供、舞刀、出神主、刲（杀）牲、进吉帛、分胙（祭后的牲肉）。

满族各地跳神仪式又有多种，所供神主不同，巫者的装饰、舞具和所含意义以及祭祀仪式都各异。

 ## 12 相见无赞有茶待
乡饮读律终废置

明、清两朝的相见礼，都直承宋代的成规，重视等级的区分。一般已不见奉"赞"的记载，而开始以"茶"相待。

明洪武年间定品官相见礼，低一二级者都要行两拜礼，主人或答拜或否。如有亲戚尊卑的关系便另行私礼。席位按级别高低，在东者为高，在西者为低；级别相差二三级者，则高者在上，低者在下；差 4 级者，高者在上受拜，低者须下拜，禀事要行跪礼。又分文东、武西，各按尊卑排列坐次。途遇礼均按宋制，不过"其后不尽遵行"。

《大清会典》载，清代品官相见，一般迎送等仪注大致仿古代士相见礼，但没有"赞"，而增添了正位和用茶的节目。品级区分还很严格，全承明制。拜礼动辄一跪三叩，重礼有三跪九叩。

清朝史志载有弟子见师礼，全录先秦礼书那一套，是唯一有"奠赞"的，实际上不见得施行。

明代的庶人相见礼，均重年龄长幼即"序齿"。拜时，幼者先施礼；坐次，长者居上。子孙辈见尊长、弟子见师、奴婢见主人，久别都要行四拜礼，近别则作揖；亲戚间、平辈间，久别也止于拜礼。

清代的士庶相见，与上述品官相见仪注相仿，实则不全施用。卑幼见尊长之礼，则基本依照宋元间的《乡居杂仪》所述仪注，这倒是大体上能实行的。

跪拜方式，到清代有所变化。上章说到金俗的拜礼，即满族的"打签"，也就是请安；妇女则行"双请安"，两手抚两膝同时曲膝。后来汉族也仿行。

清朝王公相见，要行三跪九叩，后改为二跪六叩，乃至一跪三叩，视品级和内外职官有差。外使朝见，曾经发生跪叩还是鞠躬的争执，后来大致定为五鞠躬礼。雍正时与西方外使相见，开始或行握手礼。

各少数民族的相见礼，也是多姿多态：宁古塔人相见，右手抚头点额。蒙古族相见，一递哈达，二递烟壶，三问安，四装烟，五打签，而装烟礼最流行，其操作也繁琐。藏族相见最重以哈达互相赠送，这是一种友好、诚敬的表示和结约的凭证。相见作一揖为常礼，重礼为脱帽合掌、3次伸舌、垂手合足、鞠躬并屏住气息。哈萨克族久别相会要拥抱交首大哭；平时相见，平辈握手搂腰，长者见幼辈便亲吻而发出呼啜的声响。待客时铺新布于座前，设茶食醺酪；贵客至则宰羊马，并须先请客人查看过再宰杀。就食必先洗手、戴帽，否则为不敬；以手抓饭，宾主围坐地席，互相酬酢。忌烟酒、猪肉，却喜饮茶。该族好客，无论是否相识，都留宿并宰牲款待。回族遇尊长，双手交胸前、顿首，称为"阿斯纳木"，没有别的跪拜礼；长辈见幼辈的亲吻礼，无论男女都如此。平辈的男女间则否。

这一套相见礼，进入近现代仍大致施行，在汉族民间普遍行拜、揖，年节及婚、丧大事都按照场合、辈分行跪叩礼。大约在 20 世纪 30 年代以后，都市见面礼渐以鞠躬、作揖代替，乡间社会更新缓慢，多用拜式，跪叩礼行之甚少。

乡饮酒礼，明洪武年间曾下诏制定仪注，着令行于学校和民间里社，后又颁行《图式》，具体定在每年正月十五和十月初一举行。仪注较详，席位恢复正面之坐。程序有变化：司正举杯请饮放在第一个仪节上。饮酒之后，增一"读律令"，并使有过失的人都赴席立听，后来又规定他们列于外坐，同类的人成一席，不许杂在善良之中。这是一种创新，也是以礼代法，既与古代命意不同，也反映了封建专制的强化和社会问题的严重。读律之后行献、酬之礼，但旅酬一节已不明确。酒后又供汤三品。依照宋礼，也不用乐。凡此仪节的变异和凌乱，都反映了这一礼俗面临末运。

　　清初，沿用明制，顺治时亦定在孟春之望和孟冬之朔行于学宫，直省及府州县都须举行。凡变更古制仪注之处一如明代，进一步强调读律令是为了"论贤良、别奸顽"，严格行礼的纪律。雍正元年（1723年），谕示礼部监督顺天府举行乡饮酒礼，说这一尊贤敬老之制，久成具文，筵宴草率，要"加谨举行"。乾隆时，又讨论"儐"（赞礼者）的身份，提高宾、介的人选条件；后来又御制笙诗，恢复了用乐；席位亦有恢复四隅之坐的倾向。这是最后一次更改。道光末年，把公家给予乡饮的费用移作军饷，而改由地方供给，"余准故事行之，然行之亦仅矣"。实际上，乡饮酒礼从此便废弃不行了。

　　乡饮酒礼是周代宗法制度强固时的产物，当宗法制度废弛而宗族组织尚存和变相存在的时候，还有它的存在价值。当封建社会趋于没落时，乡饮酒礼已经丧失了它的基础。明清时期这样更改，正说明它的废止是不可避免的。但它在二三千年的流行过程中，敬长尊贤、团结乡里和显示宴饮秩序的良风雅意，还是留下了借鉴的价值。至于近现代一般乡里迎宾请客、喜庆宴饮，不乏敬长礼让之风，然而毕竟和相见礼一样都世俗化了，没有了那种专门的性质和固定的仪式。

六 民国时期婚丧礼俗的变革与反复

历史行至晚清，由于封建制度的没落，社会革命的到来，文化上的西风东渐，长期依附于封建制度躯体的旧文化、旧礼教，成了社会发展的障碍。辛亥革命，结束了封建王朝的统治；"五四"运动，猛烈地冲击了封建礼教。作为封建礼教的表现形式之一，礼俗也必然受到检验和扬弃。又由于"礼缘人情"的根本因素，革新旧文化就有一个剔除糟粕、吸收精华的问题，因而，礼俗的变革必然是渐进的，从局部开始而参差不齐，且时有反复。

前面两章，我们已经看到冠、笄礼附入婚礼，乡饮酒礼废置不行，祭礼、相见礼逐渐简易和一般化，民国时期也基本如此。剩下的便是婚礼和丧礼。这两项礼俗自始就是人们一生中的两场重头戏，因而民国时期礼俗的变革，也就主要表现于婚、丧两项。在上层社会和民间，对此都程度不同地弃旧用新，而新旧杂糅、时进时退，又是这时的显著特征。

婚姻礼俗

　　早在清朝光绪、宣统之间，社会便提倡文明结婚，先是在城市、通商口岸，逐渐波及内地。议婚，尚须由男子禀告父母，经应允，就托介绍人向女家父母请婚，经应允之后，介绍人便约男女会面，双方同意，始订婚约。订婚后要立信约，首先是以求学自立为信誓内容。再是议定婚礼务求节俭，戒除奢侈习俗，免除经济上的负担。成婚日，双方父母各给男女金戒指一枚，礼服一套。

　　婚礼一般程序是：奏乐和司仪入席；接着是男宾、女宾先后入席，均面北（即堂中台前向北站立）；再是男女双方的主婚人先后入席，面南立（即面向众宾）；再是男族、女族全体先后入席，前者站东面西，后者站西面东；然后是证婚人、介绍人先后入席，均面南立；纠仪人入席，面北立；最后是男女傧相引导新郎、新娘入席，均面北立。奏乐，证婚人读证婚书，并于书上用印，介绍人用印，新郎、新娘用印。证婚人为新郎、新娘交换饰物。行结婚礼：新郎、新娘东西相对双鞠躬。主婚人致训词，证婚人致箴词。新人谢证婚人三鞠躬，谢介绍人三鞠躬。男宾、女宾代表致祝词，赠花，双鞠躬。奏乐，新人致谢词，双鞠躬。女宾代表唱文明结婚歌。歌毕，证婚人、介绍人及男宾、女宾退。新人向双方主婚人及双方族亲行礼：奏乐，双方主婚人、各尊长面南立，受三鞠躬礼；男女平辈在东面西立，男女晚辈在西面东立，均受双鞠躬礼，男族、女族全体行双见礼（东西相向立互致双鞠躬）。男女傧相引导新人退，随之双方主婚人及全体族亲先后退，纠仪人、司仪人退。最后，上茶点，筵宴。

这种婚仪，与旧时相较，的确是面目一新，实现了议婚的当事人自愿，证婚的契约性，仪程的简短和节俭，仍充满喜庆气氛。

民国时期，凡新式婚礼，基本上采用这个模式，并开始在法律上强调男女当事人自订婚约，如1931年民国政府制定的《民法·亲属》第972条就有规定；舆论也提倡不由父母之命，男女自行择偶配婚。这样，旧式"成妇"、"成妻"的一套"见舅姑"、"庙见"礼，便不复存在。

民国初年的《民律草案》规定："婚姻须呈报户籍吏。"这就是说婚姻当事人要直接面对政府与社会。这时重视证婚人的作用，婚礼上证婚人要站在喜堂中间，这样，证书就取代了旧式婚书。

婚事尚简去繁，既戒奢崇俭，抛弃一切迷信习俗和陈规陋俗，也是一次解放。所以当时的地方志书记载："力趋简约，凡旧日习尚稍涉迷信者，均不袭用"，"废除九叩跪拜礼，取消盖头布，就在院内假设礼堂，由傧相导引，行公开的夫妇相见礼，再转而拜宾客，继与翁婆相识，只数点首，而万事毕矣。"有的人家不结一彩，不悬一灯，就在市上饭庄举行婚礼；有的也不须备办酒宴，即用茶点招待宾客。这样，整个婚事，一是订婚，二是结婚，均可在一二日间完成，过去那种"贺喜有延至十数日者，送饭有延至六日或九日者，男女两家置酒款客，缠绵不绝"的繁文缛节，全部都免除了。

新式婚礼，无疑受到青年男女及其家长的欢迎。一般在县城以上的知识界当中，都实行这种"文明结婚"。甚至也有同居而登报成婚的。

当然，新事物不可能很快被普遍接受，还是有人认为新式婚礼不如"六礼"那么郑重、完备，所以当时还是新旧礼仪交替和参用，尤其是广大乡村还采用清代以来的婚礼。政治的倒退、反动，在所制婚礼上也有所反映，如1943年在重庆搞了一个《北泉礼仪录》，其中婚礼提出：婚约应附男女双方世系表，订婚要向父母预告，请求指导，还提出用婚书，亲迎之礼听从地方习惯。这显然是一种倒退。

所谓新旧参用的婚礼，即仪式中不用证婚人，而用花轿亲迎，新人双双祭祖神，入洞房举行合卺礼。旧的色调仍很浓重。有的富户即使采用新礼，依然悬灯结彩，大排喜宴；迎娶虽不用喜轿、仪仗，但用汽车结彩，导以军乐。这只是旧俗套上新形式，实质上很少革新。整个民国时期，这一种形式却比较流行，在都市可能占主导地位。

2 丧葬礼俗

清代大致在道光以后，丧俗逐渐有变化；到清末，便已出现新式丧礼，有了开追悼会的仪式。其仪式为：择一广场举行，族亲均往吊唁，略去赗赠旧礼。追悼会的程式是：（1）摇铃开会；（2）奏哀乐；（3）献花果；（4）奏琴（唱追悼歌）；（5）述死者行状（生平）；（6）读追悼文；（7）再奏哀乐；（8）行三鞠躬（当向死者，未言遗像，应即牌位）；（9）再奏琴；（10）演说；（11）三奏哀乐；（12）家属答谢，行三鞠躬礼，闭会。司礼职事者有：主礼员、庶务员、献花果者、述行状者、读追悼文者，均一二人，男女招待员各8人。

民国初年的新式丧礼：（1）服色，对亲属未作规定，仍可暂用旧制。来宾，男子左腕佩黑纱，女子胸前缀黑纱纽结。（2）吊仪，用挽联、挽幛及香花为礼，商埠有送花圈的，当于安葬时送到。（3）陈设，在灵堂前供设亡者影像一张，像前陈列香花及亲友所赠的挽联、挽幛、香花等。（4）仪节，奏乐，唱歌（均指哀悼乐、歌），上花，读祭文，向灵前行三鞠躬礼，来宾致祭一鞠躬，演述亡人行状，举哀，奏乐，唱歌，（孝子）谢来宾一鞠躬。（5）发引，奉檀花提炉、盆花、挽联、挽幛、花圈、遗像、祭席前行，主人随之，后为灵柩，接着是来宾送葬人等。这时的旧式丧礼，仍有成服和吊丧仪式，大体同于清代礼俗。

前述《北泉礼仪录》中所述丧礼，同婚礼一样，基本上回复旧制。只是不行佛事和宴乐。敛后用遗像供吊唁，讣告在敛后（不分大小敛）发出；而在初终时又有报丧，亲友可用书信吊唁；安葬尚速，如有特殊情况可延至 3 个月，至迟不超过 5 个月。所定服制，全按五等服制，并详列各等的正服和义服的区分，比较明细。由此可以辨别古今之异同。它的基本指导思想是，男女同服，嫡庶无别。如女出嫁不降低父母服，夫妻互相为对方父母同服（齐衰 13 个月），对父与母（包括养父母、继父母）的丧服均同，夫妻互相同服，为子与媳之服同，为孙与孙媳之服同，等等。从旧服制的角度看，它对封建时代是一个进步，即贯彻男女平等的精神。但时已到此，一年、三年的丧服已经很少实行，不做全面的革新，仍然等于一纸空文而已。

因此，在整个民国时期，除上述在城市中开始采用追悼会的新式丧礼仪式外，广大乡村社会罕见有追悼会出现，而于初终到成殡，发引至安葬的程式，依然没有大的革新（当时延安已有革新），普遍还是沿用清代以来的礼俗。

总之，民国时期的婚丧礼俗，已有局部革新，但新旧杂糅，而采用旧制者还普遍存在。

到中华人民共和国时期，由于《婚姻法》的实行，婚姻礼俗方才得以全面更新，新式婚礼包括集体婚礼、旅游结婚、男到女家等，新风新事，风行全国各地，深入穷乡僻壤，这是具有划时代意义的。尽管近时陈规陋俗又有死灰复燃之势，但不过是一时不良风气蔓延，而新的成制俱在，只要整个社会风气好转，矫正也不难。至于丧葬礼俗的革新，大中城市实行的火葬已日见普遍，从而革去丧礼的繁琐仪节和迷信事象。

留下的主要问题是在中小城市及广大农村，要全面实行火葬，连带革去农村的陈陋丧俗，任务还相当繁重。依据《婚姻法》实施后的效果，深入研究，制定《丧葬法》来推动此项礼俗的重大变革，也不是不可以考虑的。

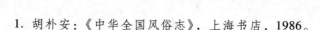

参考书目

1. 胡朴安：《中华全国风俗志》，上海书店，1986。

2. 尚秉和：《历代社会风俗事物考》，岳麓书社，1991。

3. 张亮采：《中国风俗史》，香港商务印书馆，1969。

4. 柳诒徵：《中国文化史》，中国大百科全书出版社，1988（重印）。

5. 陈顾远：《中国古代婚姻史》，商务印书馆，1934。

6. 杨树达：《汉代婚丧礼俗考》，商务印书馆，1933。

7. 邓子琴：《中国礼俗学纲要》，中国文化社，1947；《中国风俗史》，巴蜀书社，1987。

9. 杨宽：《古史新探》，中华书局，1965。

10. 何联奎：《中国礼俗研究》，台北，中华书局，1973。

11. 乌丙安：《中国民俗学》，辽宁大学出版社，1985。

12. 韩养民等：《秦汉风俗》，陕西人民出版社，1987。

13. 马之骕：《中国的婚俗》，岳麓书社，1988。

14. 周苏平：《中国古代丧葬习俗》，陕西人民出版社，1991。

15. 阴法鲁等主编《中国古代文化史》，北京大学出版社，1989～1991。

16. 乔继堂：《中国人生礼俗大全》，天津人民出版社，1990。

《中国史话》总目录

系列名	序号	书 名	作 者
物质文明系列（10种）	1	农业科技史话	李根蟠
	2	水利史话	郭松义
	3	蚕桑丝绸史话	刘克祥
	4	棉麻纺织史话	刘克祥
	5	火器史话	王育成
	6	造纸史话	张大伟　曹江红
	7	印刷史话	罗仲辉
	8	矿冶史话	唐际根
	9	医学史话	朱建平　黄　健
	10	计量史话	关增建
物化历史系列（28种）	11	长江史话	卫家雄　华林甫
	12	黄河史话	辛德勇
	13	运河史话	付崇兰
	14	长城史话	叶小燕
	15	城市史话	付崇兰
	16	七大古都史话	李遇春　陈良伟
	17	民居建筑史话	白云翔
	18	宫殿建筑史话	杨鸿勋
	19	故宫史话	姜舜源
	20	园林史话	杨鸿勋
	21	圆明园史话	吴伯娅
	22	石窟寺史话	常　青
	23	古塔史话	刘祚臣

系列名	序号	书名	作者
物化历史系列（28种）	24	寺观史话	陈可畏
	25	陵寝史话	刘庆柱　李毓芳
	26	敦煌史话	杨宝玉
	27	孔庙史话	曲英杰
	28	甲骨文史话	张利军
	29	金文史话	杜　勇　周宝宏
	30	石器史话	李宗山
	31	石刻史话	赵　超
	32	古玉史话	卢兆荫
	33	青铜器史话	曹淑芹　殷玮璋
	34	简牍史话	王子今　赵宠亮
	35	陶瓷史话	谢端琚　马文宽
	36	玻璃器史话	安家瑶
	37	家具史话	李宗山
	38	文房四宝史话	李雪梅　安久亮
制度、名物与史事沿革系列（20种）	39	中国早期国家史话	王　和
	40	中华民族史话	陈琳国　陈　群
	41	官制史话	谢保成
	42	宰相史话	刘晖春
	43	监察史话	王　正
	44	科举史话	李尚英
	45	状元史话	宋元强
	46	学校史话	樊克政
	47	书院史话	樊克政
	48	赋役制度史话	徐东升
	49	军制史话	刘昭祥　王晓卫

系列名	序号	书名	作者
制度、名物与史事沿革系列（20种）	50	兵器史话	杨毅 杨泓
	51	名战史话	黄朴民
	52	屯田史话	张印栋
	53	商业史话	吴慧
	54	货币史话	刘精诚 李祖德
	55	宫廷政治史话	任士英
	56	变法史话	王子今
	57	和亲史话	宋超
	58	海疆开发史话	安京
交通与交流系列（13种）	59	丝绸之路史话	孟凡人
	60	海上丝路史话	杜瑜
	61	漕运史话	江太新 苏金玉
	62	驿道史话	王子今
	63	旅行史话	黄石林
	64	航海史话	王杰 李宝民 王莉
	65	交通工具史话	郑若葵
	66	中西交流史话	张国刚
	67	满汉文化交流史话	定宜庄
	68	汉藏文化交流史话	刘忠
	69	蒙藏文化交流史话	丁守璞 杨恩洪
	70	中日文化交流史话	冯佐哲
	71	中国阿拉伯文化交流史话	宋岘

系列名	序号	书名	作者
思想学术系列（21种）	72	文明起源史话	杜金鹏　焦天龙
	73	汉字史话	郭小武
	74	天文学史话	冯时
	75	地理学史话	杜瑜
	76	儒家史话	孙开泰
	77	法家史话	孙开泰
	78	兵家史话	王晓卫
	79	玄学史话	张齐明
	80	道教史话	王卡
	81	佛教史话	魏道儒
	82	中国基督教史话	王美秀
	83	民间信仰史话	侯杰
	84	训诂学史话	周信炎
	85	帛书史话	陈松长
	86	四书五经史话	黄鸿春
	87	史学史话	谢保成
	88	哲学史话	谷方
	89	方志史话	卫家雄
	90	考古学史话	朱乃诚
	91	物理学史话	王冰
	92	地图史话	朱玲玲
文学艺术系列（8种）	93	书法史话	朱守道
	94	绘画史话	李福顺
	95	诗歌史话	陶文鹏
	96	散文史话	郑永晓
	97	音韵史话	张惠英
	98	戏曲史话	王卫民
	99	小说史话	周中明　吴家荣
	100	杂技史话	崔乐泉

系列名	序号	书　名	作　者
社会风俗系列（13种）	101	宗族史话	冯尔康　阎爱民
	102	家庭史话	张国刚
	103	婚姻史话	张　涛　项永琴
	104	礼俗史话	王贵民
	105	节俗史话	韩养民　郭兴文
	106	饮食史话	王仁湘
	107	饮茶史话	王仁湘　杨焕新
	108	饮酒史话	袁立泽
	109	服饰史话	赵连赏
	110	体育史话	崔乐泉
	111	养生史话	罗时铭
	112	收藏史话	李雪梅
	113	丧葬史话	张捷夫
近代政治史系列（28种）	114	鸦片战争史话	朱谐汉
	115	太平天国史话	张远鹏
	116	洋务运动史话	丁贤俊
	117	甲午战争史话	寇　伟
	118	戊戌维新运动史话	刘悦斌
	119	义和团史话	卞修跃
	120	辛亥革命史话	张海鹏　邓红洲
	121	五四运动史话	常丕军
	122	北洋政府史话	潘　荣　魏又行
	123	国民政府史话	郑则民
	124	十年内战史话	贾　维
	125	中华苏维埃史话	杨丽琼　刘　强
	126	西安事变史话	李义彬
	127	抗日战争史话	荣维木

系列名	序号	书名	作者	
近代政治史系列（28种）	128	陕甘宁边区政府史话	刘东社	刘全娥
	129	解放战争史话	朱宗震	汪朝光
	130	革命根据地史话	马洪武	王明生
	131	中国人民解放军史话	荣维木	
	132	宪政史话	徐辉琪	付建成
	133	工人运动史话	唐玉良	高爱娣
	134	农民运动史话	方之光	龚 云
	135	青年运动史话	郭贵儒	
	136	妇女运动史话	刘 红	刘光永
	137	土地改革史话	董志凯	陈廷煊
	138	买办史话	潘君祥	顾柏荣
	139	四大家族史话	江绍贞	
	140	汪伪政权史话	闻少华	
	141	伪满洲国史话	齐福霖	
近代经济生活系列（17种）	142	人口史话	姜 涛	
	143	禁烟史话	王宏斌	
	144	海关史话	陈霞飞	蔡渭洲
	145	铁路史话	龚 云	
	146	矿业史话	纪 辛	
	147	航运史话	张后铨	
	148	邮政史话	修晓波	
	149	金融史话	陈争平	
	150	通货膨胀史话	郑起东	
	151	外债史话	陈争平	
	152	商会史话	虞和平	
	153	农业改进史话	章 楷	
	154	民族工业发展史话	徐建生	
	155	灾荒史话	刘仰东	夏明方
	156	流民史话	池子华	
	157	秘密社会史话	刘才赋	
	158	旗人史话	刘小萌	

系列名	序号	书名	作者
近代中外关系系列（13种）	159	西洋器物传入中国史话	隋元芬
	160	中外不平等条约史话	李育民
	161	开埠史话	杜 语
	162	教案史话	夏春涛
	163	中英关系史话	孙 庆
	164	中法关系史话	葛夫平
	165	中德关系史话	杜继东
	166	中日关系史话	王建朗
	167	中美关系史话	陶文钊
	168	中俄关系史话	薛衔天
	169	中苏关系史话	黄纪莲
	170	华侨史话	陈 民　任贵祥
	171	华工史话	董丛林
近代精神文化系列（18种）	172	政治思想史话	朱志敏
	173	伦理道德史话	马 勇
	174	启蒙思潮史话	彭平一
	175	三民主义史话	贺 渊
	176	社会主义思潮史话	张 武　张艳国　喻承久
	177	无政府主义思潮史话	汤庭芬
	178	教育史话	朱从兵
	179	大学史话	金以林
	180	留学史话	刘志强　张学继
	181	法制史话	李 力
	182	报刊史话	李仲明
	183	出版史话	刘俐娜

系列名	序号	书名	作者
近代精神文化系列（18种）	184	科学技术史话	姜超
	185	翻译史话	王晓丹
	186	美术史话	龚产兴
	187	音乐史话	梁茂春
	188	电影史话	孙立峰
	189	话剧史话	梁淑安
近代区域文化系列（11种）	190	北京史话	果鸿孝
	191	上海史话	马学强 宋钻友
	192	天津史话	罗澍伟
	193	广州史话	张苹 张磊
	194	武汉史话	皮明庥 郑自来
	195	重庆史话	隗瀛涛 沈松平
	196	新疆史话	王建民
	197	西藏史话	徐志民
	198	香港史话	刘蜀永
	199	澳门史话	邓开颂 陆晓敏 杨仁飞
	200	台湾史话	程朝云

《中国史话》主要编辑
出版发行人

总 策 划	谢寿光	王　正	
执行策划	杨　群	徐思彦	宋月华
	梁艳玲	刘晖春	张国春
统　　筹	黄　丹	宋淑洁	
设计总监	孙元明		
市场推广	蔡继辉	刘德顺	李丽丽
责任印制	岳　阳